In der gleichen Reihe erschienen:

Zur Autorin:

Melitta Weiser, Werbebetriebswirtin, leitet ihre Marketing-Beratungsfirma
„MW-Consulting" in München.

Wir freuen uns über Ihr Interesse an diesem Buch. Gerne stellen wir Ihnen kostenlos
zusätzliche Informationen zu diesem Programmsegment zur Verfügung. Bitte
sprechen Sie uns an:

E-Mail: walhalla@walhalla.de
http://www.walhalla.de

Melitta Weiser

Selbst-
darstellung&
Selfmarketing

■ So werden Sie eine
unverwechselbare Persönlichkeit

FIT FOR BUSINESS

Die Deutsche Bibliothek - CIP-Einheitsaufnahme

Weiser, Melitta:
Selbstdarstellung & selfmarketing : so werden Sie eine unverwechselbare
Persönlichkeit / Melitta Weiser. – Regensburg ; Düsseldorf ; Berlin :
Fit for Business, 2001
  (Fit for business ; 592)
  ISBN 3-8029-4592-1

Zitiervorschlag:
Melitta Weiser, Selbstdarstellung & Selfmarketing
Regensburg, Düsseldorf, Berlin 2001

© Fit for Business, Regensburg/Düsseldorf/Berlin
  Alle Rechte, insbesondere das Recht zur Vervielfältigung und Verbreitung
  sowie der Übersetzung, vorbehalten. Kein Teil des Werkes darf in
  irgendeiner Form (durch Fotokopie, Datenübertragung oder ein anderes
  Verfahren) ohne schriftliche Genehmigung des Verlages reproduziert oder
  unter Verwendung elektronischer Systeme gespeichert, verarbeitet,
  vervielfältigt oder verbreitet werden.
  Produktion: Walhalla Fachverlag, 93042 Regensburg
  Umschlaggestaltung: Gruber & König, Augsburg
  Druck und Bindung: Westermann Druck Zwickau GmbH
  Printed in Germany
  ISBN 3-8029-4592-1

Nutzen Sie das Inhaltsmenü:
Die Schnellübersicht führt Sie zu Ihrem Thema.
Die Kapitelüberschriften führen Sie zur Lösung.

Schnellübersicht

Menschen, Marketing, Erfolg

Wer sich heute in unserer materiellen Welt nicht nur einen Spitzenplatz erobern, sondern auch lebenslang sichern will, muss früh lernen, sich selbst optimal zu vermarkten. Stars aus der Film- oder Musikszene, VIPs aus dem Sport- oder Gesellschaftsbereich, Politiker und Prominente, – alle Publikumslieblinge und Medienstars im öffentlichen Interesse haben diesen Lernprozess längst durchlebt, verinnerlicht und manchmal sogar auch schmerzhaft durchlitten.

Doch Promis haben, wenn sie wirklich hip sind und bleiben wollen, im Gegensatz zu Ihnen, liebe Leserin und lieber Leser, ihre eigenen, individuellen Marketing-Berater, die ihnen dabei helfen, populär zu bleiben, den eigenen Marktwert zu profilieren und zu steigern. Ein Prominenter ist eine „Ware", die ihren „Preis" auch wert sein, konstant halten und möglichst steigern muss und dazu gehört neben der körperlichen und geistigen Kondition auch das richtige Know-how.

Wie man seinen Marktwert definiert und wie man einen Marktwert erlangen kann, wie man es schafft, attraktiv und begehrlich zu bleiben, kontinuierlich und psychisch stark in den Erfolg hinein- und mitzuwachsen, erfahren Sie durch die Nutzung der verschiedenen Marketinginstrumente. Wie ein Orchester „spielen" die Methoden der Analyse, Planung, Strategie und Umsetzung in Ihrem individuellen Marketingplan miteinander und verbinden sich klangvoll mit den Instrumenten Ihrer Kommunikation. Mit einer gekonnten Eigenwerbung werden Sie für andere zu einer besonderen Persönlichkeit.

Bewusst gestaltetes Selfmarketing mit dem Sinn, sich selbst als Produkt auf einem materiell orientierten Lebenssupermarkt einzubringen, Verantwortung für sich und andere zu übernehmen, schafft innere Gelassenheit, schöpferische Freiheit und geistige Unabhängigkeit und bildet gleichzeitig die Basis für Ihren beruflichen und privaten Erfolg. Zielbewusstes Marketing basiert auf dem Erforschen und Formulieren Ihrer inneren Wünsche und hilft Ihnen, diese zu realisieren und zu kommunizieren. Deshalb ist Marketing der Schlüssel zum Erfolg. Erfolg empfinden wir alle als Glück und ist eine Lebensmotivation. Effektives Selbstmarketing bringt Qualität in Ihr Leben und steigert Ansehen, Einkommen und Lebensfreude.

Vergleichen Sie sich mit einem Produkt: Sekt oder Selters? Es liegt an Ihnen, sich für Ihren Weg zu entscheiden. Nutzen Sie das Wissen des Marketing, um in der Welt des Materialismus zu siegen. Nur an Ihnen liegt es, was Sie selbst aus sich machen. Sie dürfen sich ohne äußeren Zwang entscheiden: Wollen Sie lieber im Leben ein Markenartikel oder ein Massenartikel sein, der sich aus seinem Platz in der Schütte nicht hervorhebt? Möchten Sie im Regal unten verstauben oder lieber ganz vorne bei den Bestsellern sein, die durch ihren Nutzen für andere so einzigartig und begehrlich sind?

Machen Sie sich zur „Chefsache"

Machen Sie sich wichtig im positiven Sinne! Machen Sie sich zur „Chefsache" und in Ihrem Leben sind Sie der Chef! Füllen Sie das, was in Ihnen steckt, mit dem Wissen des Marketing und entwickeln Sie daraus ein eigenes Programm, Ihr individuelles Life-Marketingkonzept. Managen Sie Ihr Leben durch Life-Marketing. Entwickeln Sie sich zum Markenartikel, der seinen Namen mit Stolz trägt. Wenn Sie Ihre Existenz und die Planung Ihres beruflichen und privaten Erfolgs wie ein Business betrachten, dann wird dies zu einem Geschäft, bei dem Sie nur gewinnen können.

Mit diesem Buch will ich Ihnen moderne, leicht erlernbare Marketingmethoden zeigen. Ich möchte Sie motivieren, diese für

Ihr Selfmarketing zu nutzen und damit Ihr ganzes Leben plan- und lustvoll zu gestalten. Life-Marketing hilft Ihnen, Ihr Potenzial zu erkennen, mutig in den Kreislauf des Lebens einzutreten, Ihre Energien fließen zu lassen, Wünsche und Ursachen durch Selbstreflexion zu erforschen und Wirkungen zu meistern und zu genießen. Sie folgen dem Marketingprinzip des geringsten Aufwands und lernen, Ihre Wünsche umzusetzen.

Das Buch ist eine präzise und prägnante Anleitung für jeden, der seine Träume im Leben verwirklichen will. Es soll Sie motivieren, Ihr Leben selbst erfolgreich zu vermarkten und gleichzeitig verhindern, dass Sie von anderen vermarktet bzw. fremdbestimmt werden. Ihr Leben gehört Ihnen. Durch Life-Marketing können Sie sich selbst entdecken, Ihren Gedanken und Plänen Form geben und diese so kommunizieren, dass sie für andere verständlich sind. Niemand wird mit dem Recht auf die Erfüllung seiner Erwartungen geboren, aber die Instrumente des Marketing bilden die Grundlage dafür, dass Sie Ihr Leben durch Selbstverwirklichung mit Lebensqualität füllen können und dadurch „lebenswert" zu gestalten.

Ich habe dieses Buch so aufgebaut, dass es auch für Marketing-Einsteiger verständlich ist. Sie finden zusätzlich Anleitungen, die Ihnen helfen werden, Ihre persönliche Ist-Situation zu analysieren und Ihren individuellen Marketing-Plan, Ihre Erfolgsstrategie zu erarbeiten.

Je konsequenter Sie an und mit Life-Marketingmethoden arbeiten, desto leichter wird es Ihnen fallen, diese in die Praxis umzusetzen. Erfolg im Leben ist nicht immer nur das Ergebnis harter Arbeit. Werden Sie durch Selfmarketing zum verantwortungsbewussten Karriere-Manager Ihres Lebens und dadurch in jeder Hinsicht bewusster, erfolgreicher und glücklicher.

Wenn Sie nach der Lektüre dieses Buches Fragen an mich haben, Unterstützung benötigen, wie z. B. Beratung, Seminare, Coaching, oder wenn Sie mir Ihre Erfahrungen mitteilen wollen, so schreiben Sie mir. Ich freue mich darauf und wünsche Ihnen ein erfolgreiches Life-Marketing!

Melitta Weiser

Melitta Weiser
MW-CONSULTING
E-Mail: ConsultMW@aol.com
Internet: www.life-marketing.com

Was die materielle Welt im Innern zusammenhält

1

Marketing auf Schritt und Tritt

Der heutige hohe Lebensstandard unserer Gesellschaft ist das Resultat eines langjährigen effizienten Marketings in einer freien Marktwirtschaft, die auf einer gut funktionierenden Volkswirtschaft beruht. Die Marktwirtschaft besteht aus vielen großen und kleinen Unternehmen, die vor allen Dingen ihren eigenen Erfolg anstreben. Alle erfolgreichen Firmen haben eines gemeinsam, sie wenden effiziente Marketingmethoden an, die den Konsumenten anregen, nicht irgendein Produkt, sondern ihr Produkt zu kaufen.

Marketing spielte zuerst für Unternehmen im Bereich der Konsumgüter für den täglichen Bedarf eine Rolle. Danach wurde es auch im Bereich der langlebigen Konsumgüter wie Autos, Haushaltsgeräte, Unterhaltungselektronik, Immobilien u. a. eingesetzt. Heute wenden auch Dienstleistungsunternehmen, insbesondere Versicherungen, Banken, Reiseunternehmen oder Fluggesellschaften erfolgssteigernde Marketingmethoden an.

Reich, berühmt, gut vermarktet

Eine immer größere Rolle spielt Marketing heute auch im Show-Business, in Fußball-Clubs, bei vielen Wohltätigkeitsvereinen, in Sportvereinen, Kirchen, Schulen, Kulturorganisationen und in der Kunstszene. Auch politische Parteien und Regierungen wenden heute intensive Marketingprogramme an, insbesondere bei Wahlkämpfen. Nichts wird dabei dem Zufall überlassen. Marketing-Fachleute sind ständig damit beschäftigt, neue Märkte und Zielgruppen zu erforschen, zu definieren und neue Bedürfnisse zu wecken. Sie machen sich daran, Stärken zu profilieren und Wünsche und Interessen des Marktes bzw. bestimmter Zielgruppen zu ermitteln, um so schneller agieren und mit einem speziellen Produkt- oder Dienstleistungsangebot reagieren zu können.

Im Prinzip funktioniert Marketing ganz einfach:

- Man befragt andere zu ihren Bedürfnissen – Marktforschung

- Man prüft, ob man das, was andere brauchen, auch herstellen und vertreiben kann und entwickelt die Produkte – Produktentwicklung

- Man unterstützt sein Angebot durch entsprechende Werbung und Verkaufsförderung – Vermarktung

Beispiel:

- Durch Marktforschung wurde ermittelt, dass sich immer mehr Menschen für „schnurlose" Telefone interessierten, die im Gegensatz zu Funkgeräten eine hohe Reichweite haben sollten.

- Anbieter arbeiteten an der Entwicklung preisgünstiger, schnurloser Telefone mit hoher Reichweite und an der Ausweitung der Telefonnetze.

- Durch die hohe Nachfrage konnten „Handys" immer preiswerter produziert werden. Mittlerweile sind sie unentbehrliche Minicomputer und Servicestationen für eine neue Kommunikationsära.

Erfolgskonzept:
Stets zum Nutzen des Kunden

Als Käufer stehen Sie in der Regel einem breiten Warenangebot gegenüber. Wenn Sie heute ein Fernsehgerät erwerben wollen, können Sie mindestens unter zehn anspruchsvollen Markengeräten und jeweils 20 unterschiedlichen Typen und mehr wählen. „Die Qual der Wahl" macht oftmals Einkaufen zur Tortur. Auf welche Art und Weise treffen Sie nun aus dem großen Angebot Ihre Entscheidung? Unsere individuellen Empfindungen und Eindrücke über Wert und Eignung einer bestimmten Sache spielen praktisch in allen Lebensbereichen eine entscheidende Rolle: Nehmen wir einmal an, Sie können sehr gut Auto fahren und es macht Ihnen zudem auch viel Spaß. Eine ganze Reihe von Jobs stünde Ihnen dann zur Verfügung: Sie könnten Rennfahrer werden, oder Taxifahrer. Sie könnten Omnibusfahrer oder Lkw-Fahrer werden, Sie könnten auch eine Kfz-Werkstatt übernehmen, ein Mini-Transportunternehmen gründen oder Fahrlehrer werden. Ihrer Neigung bzw. Ihrem Talent stünden eine Vielzahl von Bedürfnissen des Marktes gegenüber.

Jedes der oben aufgeführten Berufsbilder hat unterschiedliche Qualitäten und Charakteristiken, die bei Ihnen wiederum unterschiedliche Empfindungen auslösen: Bei der möglichen Berufswahl „Rennfahrer" erscheint Ihnen das Risiko zu groß, beim „Taxifahrer" der Stress zu viel, beim „Unternehmer" der wirtschaftliche Kapitaleinsatz zu risikoreich. Die Faktoren „Wert" und „Eignung" spielen bei Ihrer Wahl eine ausschlaggebende Rolle. Sie werden deshalb eine Entscheidung treffen, die Ihnen sowohl höchste Erfüllung Ihres Berufswunsches als auch den höchsten (finanziellen) Nutzen verspricht.

Das Leitkonzept einer erfolgreichen Vermarktung ist immer der Nutzen für den Kunden. Auch Sie selbst können praktisch der „Kunde" sein. Im obigen Fall der Job-Wahl werden Sie abschätzen, welches Berufsbild Ihre Gesamtbedürfnisse befriedigen kann und Ihnen den größtmöglichen Nutzen, materiell und ideell, bringt. An diesem individuellen Nutzen orientieren Sie Ihre Entscheidung.

Ein weiterer Faktor einer erfolgreichen Vermarktung ist der „Austausch", das gegenseitige Geben und Nehmen von Dingen, Waren, Dienstleistungen usw. Überall, wo Menschen miteinander leben und arbeiten, entstehen Beziehungen. Bereits hier beginnt Ihr persönliches Marketing. Für den beruflichen Bereich bedeutet das: Sie tauschen Ihre Arbeitskraft, Ihre Erfahrung und Ihr Know-how gegen Geld, z. B. ein Gehalt, eine Provision oder ein Honorar.

Austausch ist eine der zentralen Vorbedingungen für die Anwendung von Marketing. Damit Austausch stattfinden kann, müssen mehrere Bedingungen erfüllt sein:

- Mindestens zwei Partner müssen beteiligt sein.
- Jeder muss etwas von Wert anzubieten haben.
- Beide Parteien sind frei, das Angebot zu akzeptieren oder zurückzuweisen.

Der Markt bestimmt das Produkt

Marketing bedeutet, Märkte zu nutzen, um einen Austausch zum Zwecke der Befriedigung menschlicher Bedürfnisse und Wünsche in Gang zu bringen. Bei dem Markt, auf dem die Verkäufer eine bessere Position haben als die Käufer, handelt es sich um einen „Verkäufermarkt". Hier müssen die Käufer aktives Marketing betreiben, um die Dinge zu erhalten, die sie sich wünschen.

Als „Käufermarkt" bezeichnet man hingegen einen Markt, auf dem die Käufer mehr Macht haben und die Verkäufer mehr aktives Marketing betreiben müssen. In den vergangenen Jahrzehnten wuchs das Angebot an Waren schneller als die Nachfrage. Heute sind die meisten Märkte Käufermärkte geworden. Marketing wird daher damit gleichgesetzt, dass Verkäufer nach Käufern suchen und um diese werben müssen.

Life-Marketing bedeutet somit für Sie, dass die Macht bei Ihren „Kunden" liegt und Sie sich (quasi als Verkäufer Ihres eigenen Produkts „Ich") an deren Bedürfnissen orientieren müssen. Sie sind gefordert, aktives Life-Marketing zu betreiben, um sich selbst erfolgreich zu vermarkten. Die Art und Weise des von Ihnen praktizierten Marketings wird darüber entscheiden, ob Sie auf dem „Verbrauchermarkt unserer Gesellschaft" ein begehrter Markenartikel sind oder ein Massenartikel mit geringem Stellenwert.

Wichtig: Überall, wo Geben und Nehmen stattfindet, entstehen auch Beziehungen, d. h. „Märkte". Der Markt definiert sich nach Angebot und Nachfrage, Verkäufer- und Käufermarkt. Im Life-Marketing sind Sie der Verkäufer, Ihr Produkt sind Sie!

Vermarktet werden oder sich selbst vermarkten

Menschen, die im modernen Wirtschaftskreislauf agieren, befriedigen ihre Bedürfnisse und Wünsche mit Produkten. Als „Produkt" wird alles bezeichnet, was auf einem Markt angeboten wird, um Bedürfnisse oder Wünsche zu befriedigen. Bei dem Begriff „Produkt" denkt man zunächst an ein Waschmittel, ein Getränk, ein Parfum oder ein Auto. Die genaue Definition ist jedoch nicht nur auf Sachgegenstände beschränkt. Alles, was geeignet ist, Bedürfnisse zu befriedigen, kann als Produkt bezeichnet werden. Die Bedeutung oder der Wert eines Produktes liegt weniger im Besitz, als vielmehr im Nutzen, den es stiftet.

Die Vorstellung, ein Produkt zu sein, ist für manche Menschen gewöhnungsbedürftig, ja vielleicht sogar abschreckend. Aber sie ist eine nicht zu verleugnende Realität. Sie, liebe Leserin und lieber Leser, stehen dem materiellen Markt als „Ware" zur Verfügung, z. B. in der Form Ihrer Arbeitskraft, die Sie „meistbietend" vermarkten wollen und für die es möglicherweise keine Nachfrage gibt. Sie selbst bilden deshalb ein Jung-Unternehmen und das Produkt, das Sie dem Markt anbieten, sind Sie selbst mit Ihrem Leistungsspektrum. Und keine Sorge, Sie sind mit Ihrem Angebot nicht allein auf der Welt. Im Gegenteil! Sie befinden sich mit Ihrem

Unternehmen in bester Gesellschaft und in einem wahren wirtschaftlichen Spannungsfeld. Auf manchen Gebieten erwartet Sie sogar eine „Produktschwemme", d. h. Sie befinden sich in einer konstanten Konkurrenzsituation mit anderen. Es ist daher von elementarer Bedeutung für Ihren Lebenserfolg, dass Sie sich selbst als „Produkt" definieren und akzeptieren, das es teuer zu vermarkten gilt. So wie ein erfolgreicher Kaufmann seine Ware gut präsentiert, um sie mit Gewinn verkaufen zu können, dürfen auch Sie sich erfolgs- und gewinnorientiert ausstatten und präsentieren. Das Etikett, ein „Produkt" bzw. eine Verkaufsware zu sein, tragen heute viele, die im Rampenlicht stehen: Sänger, Schauspieler, Promis oder Sportler werden heute von Marketingagenturen mit gezielten Strategien an die Öffentlichkeit „verkauft". Der Preis wird dabei von der Nachfrage aus den Medien, der Werbeindustrie oder des Showbusiness bestimmt. Je höher der „Marktpreis", desto besser. Stars und Manager wollen nur eines erreichen: Erfolg und Geld – und beides erzielt man nur durch effizientes Marketing!

Achtung: Nur wenn Sie Ihr eigenes Marketing in den Mittelpunkt Ihres materiellen Lebens und Schaffens stellen und selbst Aktivitäten entwickeln, sind Sie der Manager und Chef und können Ihre Lebensqualität beeinflussen. Kein Mensch wird mit dem Recht geboren, dass sich seine Erwartungen erfüllen. Im Gegenteil! Oft sind an ihn bei der Geburt bereits hohe Erwartungen anderer geknüpft.

Er befriedigt also in erster Linie Wünsche und Bedürfnisse anderer (Eltern, Lehrer, Vorgesetzter) und erfüllt damit die Anforderungen als „Produkt".

Sich selbst als „Produkt" zu verstehen schafft eine Abgrenzung zwischen Selbstwert und Nachfragewert. Durch ein Überangebot kann der Nachfragewert fallen, der Selbstwert wird davon jedoch nicht berührt.

Sich selbst als „Produkt" zu vermarkten erfordert Know-how und Kenntnisse über betriebswirtschaftliche Erfolgsprinzipien.

Selfmarketing:
Vom Mittelmaß zum Spitzenwert

Kennen auch Sie Menschen – vielleicht gehören Sie sogar selbst dazu –, die unglaublich tüchtig, engagiert, jederzeit einsatzbereit und pflichtbewusst sind und dennoch kein erfolgreiches und erfülltes Leben führen? Sie erhalten keine Anerkennung von ihrer Familie, ihren Vorgesetzten, Kollegen, Mitarbeitern, Geschäftspartnern. Sie werden nicht gelobt, nicht sonderlich geschätzt oder gar befördert. Sie führen trotz allem Engagement ein Leben im Mittelmaß. Diese Menschen wissen oder verstehen nicht, dass es heute nicht mehr ausreicht, „nur" fleißig, tüchtig und pflichtbewusst zu sein und damit alten Werten zu „dienen". Viele Menschen unterliegen dem Irrglauben, mit Tüchtigkeit und besonderem Engagement stünde ihnen „automatisch" die Pforte zum Erfolg offen. Weit gefehlt! Nur selten erkennen andere Ihre Fähigkeiten und ergreifen die Initiative für Ihre Förderung.

Wichtig: Sie selbst müssen andere von Ihren Qualitäten überzeugen, ihnen anhand bestimmter Aktionen und Signale zeigen, was in Ihnen steckt und welch wertvoller Mensch Sie sind.

Übung: Ihre Talente, Ihr Können

Denken Sie einmal über sich selbst nach:

- Überlegen Sie, welche Tätigkeiten Ihnen viel Freude bereiten und mühelos von der Hand gehen. Was haben Sie schon immer gerne gemacht? Worin waren Sie schon immer besser als andere?

- Machen Sie eine Liste Ihrer Talente oder Begabungen, Ihrer Lieblingsbeschäftigungen, am besten nach der jeweiligen Priorität, also erstens, zweitens usw.

- Befragen Sie Ihre Mitmenschen, welche Talente diese Ihnen zuordnen. Vergleichen Sie dann Ihre Liste mit den Angaben Ihrer Mitmenschen. Wo stimmen die Angaben überein, wo nicht? Stellen Sie fest, ob Sie womöglich Ihre Talente unterschätzt haben.

- Stellen Sie sich vor, Sie würden ein bestimmtes Talent entwickeln und ausbauen und für Ihre weitere berufliche Zukunft einsetzen. Was würden Sie am liebsten tun? Wie könnten Sie Ihre Wunschvorstellung realisieren?

Praxis-Tipp:

Life-Marketing heißt, dass Sie sich nicht mehr passiv und wertunbewusst verhalten, sondern die Vermarktung Ihrer Person und Ihrer Qualitäten energisch und gezielt vorantreiben. Sie haben es in der Hand, Ihre persönlichen Fähigkeiten und Talente mit einem entsprechenden Marketingplan zu profilieren und ein „Mehr-Wert-Produkt" zu werden.

Öffnen Sie Ihr Bewusstsein der Tatsache, dass Sie ein Produkt in einem hart umkämpften Wirtschaftsmarkt sind. Der Arbeitsmarkt wird in Zukunft zu einem der härtesten Märkte werden, in dem Sie in den Wettbewerb mit anderen Menschen treten und lernen müssen, geschickt zu agieren. Ob Sie wollen oder nicht, Sie befinden sich in einer Konkurrenzsituation mit einer Vielzahl anderer Menschen, die ähnliche und oftmals sogar bessere Leistungen anbieten können als Sie. Was Sie erfolgreicher machen kann als andere, ist Ihr Life-Marketing. Nur dadurch können Sie sich von der Masse abheben und differenzieren und, je nach Bedarf und Strategie, zielorientiert profilieren. Wenn Sie Erfolg haben wollen, sei es im beruflichen, gesellschaftlichen oder im privaten Bereich, ist es erforderlich, dass Sie geschickter und cleverer agieren als Ihre Mitbewerber. Ihr Know-how ist das Marketing. Ihre kluge persönliche Marketingstrategie wird darüber entscheiden, ob Sie sich zum Renner oder Penner des Wirtschaftserfolgs entwickeln.

„Forever top" mit Life-Marketing

Zukunftsforscher sprechen davon, dass im neuen Jahrtausend die Uhren anders ticken werden: Die Lebenserwartung der Menschen verdoppelt sich, die Multi-Level-Kommunikation fordert höchste Lernbereitschaft und Flexibilität, die Konkurrenz ist erdrückend, aber hoch motiviert, und im Berufsleben wird der Arbeitsplatz zum Kriegsschauplatz. Die Kluft zwischen Arm und Reich wächst dramatisch.

Wer also sich (und seinen Lieben) in der Gesellschaft einen guten Platz sichern und seinen Fähigkeiten entsprechend erfolgreich sein will, muss Chancen suchen und nutzen. Man wird nicht umhin kommen, künftig sich und seine persönlichen Qualitäten zu vermarkten, und zwar nicht nur kurzfristig oder gelegentlich, sondern dauerhaft. Ob als junger oder reifer Mensch, als Arbeitnehmer, als Unternehmer, als Hausfrau, Familienvater, Single oder Azubi – wer „for ever" erfolgreich sein will, schafft dies nur, wenn er ein lebenslanges Selfmarketing betreibt.

Wichtig: Die individuelle Lebensplanung und -gestaltung wird in die Selbstvermarktung miteinbezogen und so zum Life-Marketing.

Life-Marketing betreiben heißt, man überlässt nichts mehr dem Zufall, sondern wird zu seinem eigenen Unternehmer – auf Lebzeiten. Konkret bedeutet das Folgendes:

- Die Firma mit dem Top-Management sitzt im Kopf.

- Das Produkt, das vermarktet wird, ist man selbst.

- Das Umfeld, in dem man agiert, ist der „Markt".

- Das Einkommen ist der „Preis", den man am Markt erzielt.

- Der persönliche „Lifestyle" ist vergleichbar mit Werbung.

Elfenbeinturm ade!

Der erste und wichtigste Schritt auf dem Weg zu Ihrem persönlichen Life-Marketing liegt in der konkreten Veränderung Ihrer alten Betrachtungsweise von Angebot und Nachfrage. Lernen Sie, Gewohntes loszulassen: Statt: „Ich bin dies oder das.....", „Ich kann dies oder das....", hin zum: „Was könnten andere von mir brauchen?" Sie müssen lernen, den individuellen Bedarf anderer zu ermitteln und durch ein von Ihnen präsentiertes Angebot optimal befriedigen.

Life-Marketing bedeutet, dass Sie aus Ihrem Elfenbeinturm des bisherigen und gewohnten Reagierens herauskommen und zum agierenden Menschen werden. Ihr Weg führt mittels Marketing von der Passivität in die Aktivität, von der Fremdsteuerung zur Selbststeuerung und Selbstbestimmung.

Spezialisierung, Qualitätsstandards, Prinzipien, Erziehung, Tradition, gesellschaftliche Zwänge, familiäre Bindungen und Verpflichtungen veranlassen uns oftmals, nach Perfektionierung zu streben. Wir sind fleißig und widmen all unsere Aufmerksamkeit dem Erhalt des Status quo. Es ist jedoch permanent wichtig zu erkennen, wo die Bedürfnisse anderer liegen. Denn leider stimmen die Wünsche und Bedürfnisse anderer mit dem, was wir anbieten, nicht immer überein. Es kommt nicht darauf an, was wir gerne anbieten wollen. Wichtig ist, dass wir anbieten, was andere brauchen. Verwenden Sie deshalb Ihre Energie darauf, Ihr Potenzial zu entdecken und auszuschöpfen.

Im Life-Marketing steht nicht der Mensch mit seinen persönlichen Bedürfnissen im Mittelpunkt, sondern sein zu förderndes, entwicklungsfähiges Potenzial, geschnürt und gebündelt zu einem dynamischen Leistungspaket.

Praxis-Tipp:

- Erfolg im materiellen Leben entsteht durch Leistung und Gegenleistung, Geben wird durch Erhalten aufgewogen. Sie bauen Geschäftsbeziehungen auf, die nicht mit selbstloser Liebe oder Freundschaft zu verwechseln sind.

- Nur wenn Sie durch die Leistungsdroge „Marketing" viel Erfolg planen, werden Sie mutig für viel Erfolg!

- Verlassen Sie Wege, die erfolglos sind, und forschen Sie nach dem, was andere brauchen und was Sie anbieten können!

Werden Sie Ihr eigener Marketingmanager

2

Ihre Aufgaben als Marketingmanager

Marketing in einem Unternehmen ist eine Management-Funktion. Sie beinhaltet ein systematisches Entscheidungsverhalten. Ein Marketing-Manager versteht sich als Initiator für „Global denken und lokal handeln!" Der Markterfolg wird durch die Qualität des Produktes – das sind in diesem Fall Sie – und Ihrer Fähigkeit, sich zu verkaufen, bestimmt.

Als Marketing-Manager beschäftigen Sie sich mit der systematischen Erarbeitung Ihres Leistungsprogramms und seiner Vermarktung. Sie gestalten praktisch „Ihren persönlichen Markt". Dabei werden Sie mit einer Vielzahl von unterschiedlichen Aufgaben konfrontiert. Diese können sich auf Sie selbst und Ihr bestehendes Umfeld oder auf die Erschließung eines oder mehrerer neuer Umfelder in Ihrem Berufs- und Privatbereich konzentrieren.

Der Umgang mit Life-Marketing soll Ihnen ein Wissen nahebringen, das Sie Ihr ganzes Leben lang begleitet und Ihnen hilft, für sich ein individuelles Programm auf der Basis funktionierender Marketing-Spielregeln zu erstellen. Mit Life-Marketing werden Sie zum Manager Ihrer Geschicke und Ihres Lebenserfolges.

„Der weiß, was er will!", sagen wir oft bewundernd über einen Menschen, der sein Leben mit Erfolg und einem schier unerschöpflichen Reservoir an Energie und Zuversicht meistert. Doch es gibt auch viele Menschen, die nicht recht wissen, was sie eigentlich wollen. Mal sagen sie „hü", mal sagen sie „hott", dann wieder stehen sie ratlos den Anforderungen des Lebens gegenüber. Doch wer nicht weiß, was er will, kann sein Leben nicht meistern, nicht zum Manager seines Lebenserfolgs und -glücks werden.

Erwartungen und Ziele herausfinden

Wenn Sie zum Manager Ihres Life-Marketings werden wollen, müssen Sie als Erstes herausfinden, was Sie wirklich von diesem

Leben wollen, erwarten, anstreben. Welche Wünsche haben Sie an dieses Leben, das Ihnen für eine begrenzte Zeit geschenkt wurde, um es mit einem Maximum an Glück, materieller Sicherheit, Kreativität und Lernerfahrung auszufüllen? Wenn Sie nun einwenden, der Begriff „Maximum" sei etwas zu hoch gegriffen, dann ändern Sie ihn um. Legen Sie Ihren persönlichen Idealzustand fest, den Sie anstreben und erreichen möchten.

Das größte Problem liegt, wie schon gesagt, darin, dass viele Menschen nicht genau wissen, was sie eigentlich wollen und demzufolge nicht planmäßig und zielgerichtet handeln. Stellen Sie sich vor, Sie wollen von München nach Monte Carlo. Wenn Sie nicht vorher auf der Karte Ihre Route heraussuchen und Ihre Fahrt planen, werden Sie sich mit Sicherheit verfahren. Oder Sie fahren einen Riesenumweg, bleiben irgendwo auf einer Nebenstraße mit leerem Tank hängen. Wenn Sie aber Ihre Route vorher genau festlegen, dann werden Sie sicher und wie geplant an Ihrem Ziel anlangen.

Gut geplant ist halb gewonnen

Viele Menschen leben und arbeiten ohne Planung. Vor lauter Stress haben sie einfach nicht genügend Zeit erst zu planen, bevor sie loslegen. Andere glauben, dass nur Menschen, die sehr viel Verantwortung tragen, z. B. Geschäftsleute oder Chefs großer Unternehmen, eine Planung benötigen. Da ihr Leben bisher auch ohne konkreten Plan einigermaßen gelaufen ist, geht's auch so. Für sie scheint Planung sinnlos, da sie sowieso stets revidiert und geändert werden muss, nie einzuhalten oder permanent „veraltet" ist.

Oftmals werden Pläne auch mit Träumen oder Wünschen verwechselt. Viele Menschen träumen davon oder wünschen sich, einen anderen, angenehmeren oder lukrativeren Job auszuüben oder in einer schöneren, helleren oder eleganteren Wohnung zu leben, aber sie planen nichts, um ihren Wunsch zu realisieren.

Werden Sie Ihr eigener Marketingmanager

Die meisten Menschen schöpfen nur einen Bruchteil ihres Potenzials aus und führen ein Leben im Mittelmaß.

Wenn Sie zum Marketingmanager Ihres Lebens werden wollen, müssen Sie dazu übergehen, zu planen, ehe Sie aktiv werden. Erst wenn Sie etwas konkret geplant haben, womöglich sogar verschiedene Alternativ-Planungen entworfen haben, können Sie eine Entscheidung treffen und sich zielstrebig an die Realisierung Ihres Vorhabens machen.

Vorteile nutzen

Eine fundierte Planung bringt stets Vorteile. Sie zwingt dazu, Zielvorstellungen, persönliche Statements und eigene Leistungsvorgaben zu präzisieren. Die Meinung, dass Planung bei einem schnellen Wechsel der Rahmenbedingungen nichts nützt, ist unrichtig. Das Gegenteil ist der Fall: Gründliche Planung hilft den Menschen, Veränderungen vorherzusehen und schneller darauf zu reagieren. Selbst plötzliche Veränderungen kommen bei einer gründlichen Beobachtung des äußeren Umfeldes nicht mehr überraschend. Leistungsstarke Menschen planen, aber sie ersticken nicht die individuelle Entscheidungsfreiheit. Effektives Life-Marketing ist das Resultat gewissenhafter Planung.

Der Begriff Marketing bezieht sich auf Produkte oder Unternehmen und subsumiert alle Aktivitäten, die mit dem Transfer eines Produkts oder einer Dienstleistung vom Verkäufer an den Käufer zusammenhängen. In Ihrem Fall sind Produkt und Verkäufer als „Personalunion" identisch.

Ihre „Käufer" sind z. B. Ihr Arbeitgeber, Ihr Freundeskreis, Ihr Club und sogar Ihre Familie – all jene Bereiche, in denen Sie sich profilieren müssen. Nur wenn Sie in sich selbst und Ihre Fähigkeiten investieren, genießen Sie relative soziale und berufliche Sicherheit. Die Anforderungen in verschiedenen Jobs und im persönlichen Lebensstil ändern sich heutzutage sehr schnell und erfordern von Ihnen konstante Anpassung und Weiterbildung Ihres Wissens, Integrität und Flexibilität.

Praxis-Tipp:

Um erfolgreich zu sein, müssen Sie die Aufgabe, Ihr Umfeld zufrieden zu stellen, besser erfüllen als Ihre Konkurrenten.

Kausalität als Erfolgsprinzip

Das vielleicht wichtigste Erfolgsprinzip wurde im 4. Jahrhundert v. Chr. erstmals von Aristoteles formuliert. Man nannte es das Kausalitätsgesetz des Aristoteles, heute ist es bekannt als Gesetz von Ursache und Wirkung. Es besagt, dass alles, was geschieht, durch eine Ursache bedingt ist. Viele Menschen meinen, man brauche eine Super-Ausbildung, eine Menge Geld und Glück, um erfolgreich zu sein. Das ist falsch. Erfolg stellt sich ein, wenn man Pläne hat und diese konsequent verfolgt, wenn man seine Zukunft gestaltet, das Gesetz von Ursache und Wirkung beachtet, sich und sein Leben managt.

Als Marketingmanager laufen alle Fäden Ihres Lebensunternehmens bei Ihnen zusammen. Sie bestimmen selbst Ihre Leitlinie und Ihre Lebensphilosophie. Die Menschen, die Ihnen am wichtigsten erscheinen, bilden Ihre „Zielgruppen".

Sie müssen aber nicht nur Ihren Marketingplan, sondern auch die daran anschließenden Marketingstrategien erarbeiten, die es Ihnen ermöglichen, Ihre Ziele optimal zu realisieren und zu erreichen. Machen Sie sich die Dinge „untertan".

Ein wichtiger Aspekt, den Sie als Marketingmanager bei Ihrer Planung und Strategie beachten müssen, ist die Definition Ihrer „Mission", d. h. des Hauptzweckes all Ihrer Aktivitäten. Lautet Ihre Mission beispielsweise: „Ich möchte mich als Abteilungsleiter erfolgreich vermarkten", dann sollten Sie diesen Aspekt auch stets bei all Ihren Aktivitäten vor Augen haben. Sie dürfen Ihre Mission niemals vergessen, auch wenn sich vieles in Ihrem Leben ändert.

Übung: Welche Mission haben Sie?

Fragen Sie sich:

- Worum geht es Ihnen im Leben?
- Was sind Ihre vorrangigen Ziele?
- Was verschafft Ihnen Befriedigung?
- Wo stehen Sie heute?
- Wo wollen Sie in Zukunft stehen?
- Was bedeutet es für Sie, erfolgreich zu sein?

Als Marketingmanager Ihres Unternehmens „Leben" brauchen Sie eine sehr entschlossene Einstellung. Sie müssen sich auf Erfolgskurs bringen. Das bedeutet: Tag für Tag, Woche für Woche zielstrebig zu handeln und nicht nur zu wünschen, hoffen, planen und zu diskutieren. Sie müssen sich so konditionieren, dass Sie überzeugend und ausdauernd an Ihrem Lebensprojekt arbeiten können.

Sie handeln nicht nach „Schema F", sondern nach Ihrem eigenen Plan. Auch Spitzensportler schaffen es nicht, bloß durch ihr Talent und ihr technisches Können an die Spitze zu kommen. Entscheidend für den Erfolg ist die „mentale Einstellung", die selbstsichere Siegereinstellung.

Grundlage:
Die Analyse Ihrer Marketingsituation

Jeder Mensch hat seine ganz individuelle Marketingsituation in dem gesellschaftlichen und wirtschaftlichen Gefüge, in dem er lebt. Die Situation von Geschäftsinhaber Glück ist eine andere als die von Lkw-Fahrer Stark; die Situation von Kindergärtnerin Michaela ist eine andere als die von Filialleiterin Sonne. Auch Sie haben eine ganz persönliche Marketingsituation in dieser Gesellschaft.

Ihre Marketingsituation zeichnet sich aus durch den

- Status quo (Ist-Zustand, in dem Sie leben) und
- die Entwicklungstendenzen des Umfeldes, in dem Sie sich beruflich oder privat bewegen.

Ihre Marketingsituation ist von den Faktoren, die auf den Status quo und die Entwicklungstendenzen Ihres Umfeldes Einfluss nehmen, geprägt. Dabei gilt es zu unterscheiden zwischen den Faktoren, die Sie beeinflussen können und jenen, die nicht beeinflussbar sind. Sie können beispielsweise eine globale wirtschaftliche Entwicklung nicht beeinflussen, aber Sie können sehr wohl Ihre Arbeitsleistung regulieren. Sie können beispielsweise nicht beeinflussen, welchen Nachbar Sie bekommen, aber Sie können Einfluss darauf nehmen, wie sich Ihr gemeinsames Verhältnis gestaltet.

Beispiel:

Im nachbarschaftlichen Gefüge haben Sie folgenden Status quo: Sie sind Haus- oder Wohnungseigentümer, Mieter. Ein Nachbar ist ausgezogen, ein neuer Besitzer zieht ein. Die Entwicklungstendenzen im nachbarschaftlichen Gefüge (Ihrem Umfeld) können sich nun positiv oder negativ gestalten.

Ihre Marketingsituation im nachbarschaftlichen Miteinander ist von bestimmten Faktoren abhängig, mit denen Sie entweder eine positive oder negative Entwicklung fördern bzw. hemmen. Sie können z. B. nichts dagegen tun, dass Ihre neuen Nachbarn drei kleine Kinder haben, die sehr lebhaft sind. Aber Sie können erreichen, dass Sie zu der Mutter einen guten Kontakt aufbauen und mit ihr die Einhaltung bestimmter Ruhezeiten vereinbaren.

Mit Life-Marketing werden Sie immer aktiv. Sie sitzen nicht in Ihrem Haus/Ihrer Wohnung und ärgern sich (passive Haltung), sondern Sie werden zum „Verkäufer" oder „Manager" Ihrer eigenen Sache. Ihre Marketingaktionen verschaffen Ihnen Präsenz, d. h. man nimmt Sie, Ihre Bedürfnisse, Ihr Angebot, Ihre Qualitäten wahr. Präsenz wiederum schafft Vertrautheit und Vertrauen bringt neue Chancen und Aufgaben. Legen Sie also jegliche Form von Bescheidenheit und Zurückhaltung ab und vermarkten Sie sich selbst.

Stellen Sie sich vor, Sie haben einen eigenen Laden. Würden Sie etwa untätig herumsitzen und warten, bis die Leute von selbst zu Ihnen kommen? Nein, denn sonst wären Sie schnell pleite. Also tun Sie das Gegenteil: Sie rühren kräftig die Werbetrommel und machen auf sich und Ihren Laden aufmerksam. Auch als Privatmensch haben Sie einen eigenen „Laden", in dem Sie Ihre Gewohnheiten, Wünsche und Bedürfnisse, aber auch Ihre Qualitäten und Fähigkeiten „verkaufen".

Damit Sie für Ihr Unternehmen „Leben", einen Marketingplan und die entsprechenden Strategien entwickeln können, müssen Sie erst Ihre individuelle Marketingsituation ermitteln. Nachfolgend finden Sie eine Anleitung zu einer Analyse Ihrer beruflichen Marketingsituation. Sie können diese Analyse auch für alle anderen Bereiche Ihres Lebens, z. B. die familiäre, partnerschaftliche oder nachbarschaftliche Situation verwenden.

Ich habe hier den beruflichen Bereich verwendet, weil dieser für das Leben eines jeden berufstätigen Menschen höchste Priorität hat. Das gilt für die teilzeitbeschäftigte Hausfrau und Mutter ebenso wie für den Angestellten/die Angestellte einer Bank oder den selbständigen Unternehmensberater. Mit dem Beruf verdienen wir unseren Lebensunterhalt, wollen wir Karriere machen und uns verwirklichen. Wenn wir beruflich unzufrieden und erfolglos sind, leidet darunter unsere gesamte Lebensqualität.

Wir sind auch privat nicht zufrieden und glücklich. Deshalb steht die Analyse unserer individuellen beruflichen Marketingsituation an erster Stelle.

Arbeitsplatzanalyse

Eine Analyse enthält stets fünf Elemente:

1. Arbeitsplatzsituation

2. Marketing-Positionierung

3. Konkurrenzsituation

4. Ich-Standortbestimmung/Ist-Situation

5. SWOT-Analyse

Es gibt viele Leute, die behaupten, der Grund, warum sie arbeiten, sei viel Geld verdienen zu wollen. Bietet man ihnen dann eine entsprechende Arbeit an, so wehren sie entsetzt ab: „Nicht für alles Geld der Welt würde ich das tun!" Offensichtlich ist der Verdienst nicht der wirkliche Grund für ihre Bereitschaft zu arbeiten. Deshalb: Gehen Sie Ihren echten Motiven auf den Grund. Menschen, die ihren Job mögen, arbeiten produktiver, kreativer und engagierter.

Arbeitsplatzsituation

Übung: **Arbeitsplatzbeschreibung**

Ergänzen Sie die nachfolgende Skizze „Meine „Arbeitsplatzbeschreibung" (sollte ca. 2 bis 3 Seiten ergeben).

Werden Sie Ihr eigener Marketingmanager

Skizze 1:

Name: ....   Erstellt am: ....

Meine Arbeitsplatzbeschreibung

1. Funktion: .... (Berufsbezeichnung und Titel)
2. Unterstellung: .... (Wem unterstellt?)
3. Überstellung: .... (Welchen Funktions-
   bereichen überstellt?)

4. Kurzbeschreibung der Aufgaben
   Meine Aufgaben sind:
   1. ....
   2. ....
   3. ....
   4. ....
   ....

5. Umfang und Bedeutung des Aufgabenbereichs:
   1. ....
   2. ....
   3. ....
   4. ....
   ....

6. Einzelaufträge .... (Wozu bin ich auf Weisung
   .... der Geschäftsführung bzw.
   .... wenn es sich aus der betrieb-
   .... lichen Situation heraus ergibt,
   .... zusätzlich verpflichtet?)

7. Befugnisse .... (z.B. Zeichnungsvollmacht,
   .... Unterschriftenregelung)
   ....

8. Erforderlicher Ausbildungsstand ....
9. Berufserfahrung/Praxis ....
10. Sonstiges ....
    ....
    ....

Schreiben Sie auf, warum Sie arbeiten.

....

....

Beschreiben Sie Ihre individuelle Arbeitssituation.

....

....

Marketing-Positionierung

Ihre Marketing-Positionierung am Arbeitsplatz ist der erste Schritt zum Kennenlernen „Ihres" Marktes. Denn hier werden Arbeitsleistung und Einkommensstruktur bestimmt. Gehen Sie folgende Checkliste durch.

Checkliste: Marketing-Positionierung

- Wo stehe ich derzeit?
- Wer und was bin ich (welchen Stellenwert besitze ich in der Firma)?
- Wo möchte ich in zwölf Monaten sein, wo in drei Jahren, wo in 20 Jahren?
- Wer sind meine besten drei Freunde in der Firma?
- Wer sind meine Feinde in der Firma?
- Wer sind meine Konkurrenten?
- Wer sind meine Vorbilder?
- Von wem kann ich etwas lernen?
- Wer ist gefährlich für meine Pläne?
- Wem kann ich mich anvertrauen?

---

noch: Checkliste: Marketing-Positionierung

- Zu wem gehe ich, wenn ich Probleme habe, privat – beruflich?

- Wer ist mein Coach?

- Wer fördert mich?

- Wer behindert/blockiert mich?

Übung: **Ihre aktuelle Position**

Bestimmen Sie nun Ihr Positionierungsmodell und füllen Sie die nachfolgenden Skizzen 2 und 3 (Seiten 35 und 36) „Meine Marketing-Positionierung (Firma/Privat)" aus.

Nachdem Sie Ihre beiden Positionierungsmodelle bestimmt haben, sollten Sie dazu übergehen, Ihre Ausbildung mit der der anderen, Ihr Einkommen mit dem der anderen zu vergleichen.

Es ist erwiesen, dass die meisten Arbeitnehmer wissen, ob sie unter oder über dem Gehalt ihrer Kollegen liegen. Falls nicht, finden Sie's geschickt heraus! Das heißt im Klartext: Bauen Sie sich zu der Person, von der Sie annehmen, dass sie am meisten von und über die anderen weiß, ein „Vertrauensverhältnis" auf. Stellen Sie sich ganz auf diese Person ein, ohne selbst etwas von sich preis zu geben. Sollten Sie aus taktischen Gründen dazu gezwungen sein, ebenfalls „Informationen" abzuliefern, dann wählen Sie solche, die Sie bewusst „in den Raum streuen" wollen, selbst wenn es gezielte „Falschmeldungen" sind, die natürlich nur zu Ihrem Wohl und zu keinerlei Schaden anderer führen sollten.

„Dienen" Sie sich dieser Person an, finden Sie ihre Schwächen heraus. Jeder Mensch ist irgendwann einmal zu „knacken". Informationssüchtige Menschen sind oft „einsam". Fragen Sie nach guten Ratschlägen (Essgewohnheiten/Diäten, Rauchen auf-

Skizze 2:

Name: .... Erstellt am: ....

Meine Marketing-Positionierung – Firma

Tragen Sie Ihre Position und die Ihnen wichtig erscheinenden Personen in Ihrem Arbeitsumfeld ein. Kennzeichnen Sie die Richtung Ihrer Einschätzung mit einem Pfeil.

Meine derzeitige Tätigkeit heißt: ....

Stellung/Position

Vorstand ☐

Mitglied der Geschäftsleitung ☐

Bereichsleitung ☐

Abteilungsleitung ☐

Gruppenleitung ☐

← hoch .... niedrig →

Einkommen (DM) ⟨...⟩ Einkommen (DM)

Sachbearbeitung
10–20 Jahre Berufserfahrung

Sachbearbeitung
5–10 Jahre Berufserfahrung

Sachbearbeitung
3–5 Jahre Berufserfahrung

Sachbearbeitung
0–3 Jahre Berufserfahrung

Berufseinsteiger

Trainee

Azubi

Praktikant

Werden Sie Ihr eigener Marketingmanager

Skizze 3:
Name: .... Erstellt am: ....

Meine Marketing-Positionierung – Privat

Kennzeichnen Sie Ihre derzeitige Position sowie Ihre Ziel-Position mit „x" und verbinden Sie die Linien miteinander. Es können auch mehrere Bezugslinien entstehen.

Mein privater Status ist: ....

Familienstand

verheiratet mit Kindern

verheiratet ohne Kinder

verheiratet – getrennt lebend

unverheiratet mit Dauerpartner

unverheiratet mit wechselnden Beziehungen

Ehrenämter	Verband	Club	Verein	Clique	Freunde	Familie
I	I	I	I	I	I	I
(gesellschaftlicher Stand)					(gesellschaftlicher Stand)	

Single mit Kindern

Kurzzeitsingle

Langzeitsingle

---

hören, Kleidungsstil, Fitnessstudio etc.). Ein guter „Annäherungspunkt" ist auch das Hobby der anderen Person, noch dazu, wenn es zufällig mit Ihren Interessen harmoniert. Gemeinsamkeiten schaffen rasch eine fruchtbare Annäherungs- und Vertrauensbasis.

Auf dem Positionierungsmodell haben Sie nun auch Ihre Zielposition in den nächsten 12 bis 36 Monaten bestimmt. Gehen wir davon aus, Sie möchten gerne Abteilungsleiter werden, benötigen aber Protektion dazu. Ihr Ziel ist es, an Ihrem Kollegen Meier vorbeizueilen, da dieser weniger qualifiziert ist als Sie und dennoch mehr Gehalt bezieht. Sie sind nach Ihrer Einschätzung befähigter und billiger, also ist in Sie investiertes Geld schneller amortisiert.

Das Einkommen spielt eine wichtige Rolle, aber Geld ist nicht alles. Auch die Position, die jemand anstrebt oder innehat, ist wichtig. In unserem Beispiel streben Sie die Stelle des Abteilungsleiters an – das ist Ihr Ziel. Auch wenn Ihnen Ihr Chef versichert, dass Sie durch diesen Schritt nach oben wahrscheinlich weniger verdienen werden als auf Ihrer alten Position, da Sie bisher prämienorientiert im Verkauf gearbeitet haben und nun zu einem „Schreibtisch-Job" wechseln, kann Sie das von Ihrem Weg nicht abhalten. Sie wissen, dass Ihr Gehalt auf der höheren Ebene langfristig steigen wird. Geld kommt mit dem Aufstieg ganz automatisch und Firmenwagen, Umsatzbeteiligung, Tantiemen u. a. noch dazu.

Der Kollege – Ihr Konkurrent

Auf dem Markt, den Sie sich erobern wollen, weht ein scharfer Wind. Insbesondere die interessanten Positionen und die lukrativen Jobs sind heiß umkämpft. Bei der Partnerwahl ist es ebenso. Dass die Konkurrenz nicht schläft, merken Sie an der Zahl der Bewerber, die sich mit Ihnen um eine bestimmte Stelle bemühen oder Ihren Traummann/Ihre Traumfrau umwerben.

Werden Sie Ihr eigener Marketingmanager

Kein Wunder also, dass Sie anfangen müssen, sich zu vergleichen, sich „messen" und „bewerten" zu lassen. Möglicherweise fühlen Sie sich minderwertig und hegen tiefe Zweifel, ob die anderen nicht doch vielleicht klüger, besser und fähiger sind als Sie selbst. Vielleicht haben Sie in der Vergangenheit auch schon diverse Niederlagen einstecken müssen und quälen sich nun mit Selbstzweifeln. Deshalb lautet eine der wichtigsten Life-Marketing-Regeln:

Praxis-Tipp:

Sie selbst müssen zuerst fest an Ihren „Wert" glauben, bevor es die anderen tun!

Übung: Sie und Ihre Konkurrenten

Schreiben Sie auf, wer Ihre Mitbewerber sind.

....

....

Beschreiben Sie Ihre derzeitige Konkurrenzsituation.

....

....

Analysieren Sie nun die Menschen, die in Ihrer Umgebung arbeiten. Benutzen Sie die nachfolgende Skizze 4 auf S. 41 und teilen Sie die „Kollegen" in vier Typen ein. Dieses Schema ist abgeleitet von einem Produkt-Folio der Hendersen B. D. (Boston Consulting Group). Für Ihre Life-Marketing-Analyse soll es dazu dienen, die eigene Rolle und Ihre persönliche Wert-/Nutzen-Position für das Unternehmen kritisch zu definieren. Die vier Typen:

1. Stars

Sie sind die erfolgversprechendsten Mitarbeiter, die ein Unternehmen hat, mit einem großen Potenzial. In diese Mitarbeiter wird viel investiert, sie haben Zukunft und bilden die Stärke des Unternehmens. Mit ihnen werden Ziele verfolgt und realisiert. Sie sind die „Macher" und zudem teuer.

2. „Question Marks" (Fragezeichen)

Das sind Mitarbeiter, „Pilottypen", die im Hinblick auf bestimmte Zukunftsprojekte des Unternehmens gefördert bzw. „aufgebaut" werden sollen. Manchmal sind es auch in einem besonderen Bereich ausgebildete „Berufseinsteiger/Trainees", für die es noch gar keine feste Position im Unternehmen gibt, sondern erst eine geschaffen wird, meist in Form einer Assistenten- oder Referenten-Rolle für die Chefetage. Der Einsatz dieser Mitarbeiter ist mit viel Hoffnung, aber auch mit viel Risiko verbunden. Aus ihnen sollten sich „Stars" entwickeln. Bezogen auf ihre Rentabilität sind sie vorerst teuer und kosten der Firma viel Geld.

3. „Cash-cows" (Melkkühe)

Diese Mitarbeiter haben einen hohen Anteil innerhalb einer Firma, jedoch niedrige Entwicklungs- und Entfaltungschancen, da in sie nicht mehr investiert wird. Für diese Mitarbeiter betreibt man Erhaltungsaufwand. Sie arbeiten „preiswert" und loyal, sind meist schon viele Jahre in der Firma, dort sehr „sattelfest", da sie die meiste Zeit in derselben Position tätig waren. Sie sind die solide „Mittelschicht" und arbeiten „rentabel". Sie klären die Situation der „Fragezeichen-Mitarbeiter" und die der „Hunde".

4. „Dogs" (arme Hunde)

Diese Mitarbeiter haben einen schwachen Anteil am Firmenerfolg. Sie bewegen sich in einem Bereich mit sehr geringen Wachstumschancen. Ihr Stellenwert ist unbedeutend, oftmals stellen sie sogar eine unternehmerische Belastung dar. Sie werden oft aus „Mitleid" in der Firma behalten und alle Bemühungen sie loszuwerden, scheitern. Keine Abteilung will sie haben. Man schiebt sie herum, „schafft" für sie, da für die Firma ein Arbeitsprozess nicht in Frage kommt, einen „Arbeitsplatz". Dogs verderben aufgrund ihrer Unzufriedenheit und ihrer negativen Einstellung oftmals das Betriebsklima. Sie werden „bissig".

Analysieren Sie nun Ihre Konkurrenzsituation in der Firma mit der Skizze 4 auf S. 41.

Ein typischer Lebenszyklus für Produkte verläuft in den Kategorien „Question Marks", „Stars", „Cash-Cows" und endet dann als „Dogs". Der gesamte Prozess kann Jahre und sogar Jahrzehnte dauern. Auf Menschen und ihren Stellenwert übertragen, werden diese Lebenszyklen immer kürzer. Schnell gerät man innerhalb einer Firma aufs „Abstellgleis", das kann allein schon durch einen neuen Vorgesetzten passieren, der einem eine/n Neue/n vor die Nase setzt. Sie sind dann gezwungen, Konsequenzen zu ziehen oder diese neue Situation „auszusitzen" in der Hoffnung, dass sich bald wieder etwas ändert.

Praxis-Tipp:

- Im Arbeitsleben ist es wie in der Politik: Alles fließt und ist in Bewegung. Achten Sie deshalb darauf, dass die „Wellen" Sie immer wieder nach „oben" spülen und dass Sie nicht irgendwo „stranden".

- Sollte die Analyse ergeben, dass Sie mit Ihrer derzeitigen Situation in der Firma nicht zufrieden sind, nehmen Sie diese zum Anlass, etwas daran zu ändern, z. B. ein Personalgespräch mit Ihrem Vorgesetzten. Besprechen bzw. erarbeiten Sie mit ihm gemeinsam die Veränderungsmöglichkeiten, das wird ihn beeindrucken. Sie selbst entscheiden dann über Ihre Zukunft in dieser Firma.

Skizze 4:

Name: .... Erstellt am: ....

Ihr Stellenwert in der Firma – Konkurrenzsituation
(Star ist besser als Melkkuh)

- Zeichnen Sie sich selbst, Kollegen, Vorgesetzte und Mitarbeiter anderer Abteilungen, die in direktem Bezug zu Ihnen stehen, namentlich in den Kreis ein. Definieren Sie deren Stellenwert aus Ihrer Sicht.
- Tragen Sie „Freunde" und „Feinde" namentlich ein und bilden Sie Segmente.
- Welches Segment hat welchen Anteil? Wenn Sie eine Melkkuh sind und „eine von ca. 65 %", müssen Sie sich innerhalb der Firma verändern oder diese verlassen und versuchen, in einem anderen Unternehmen ein Star zu werden.

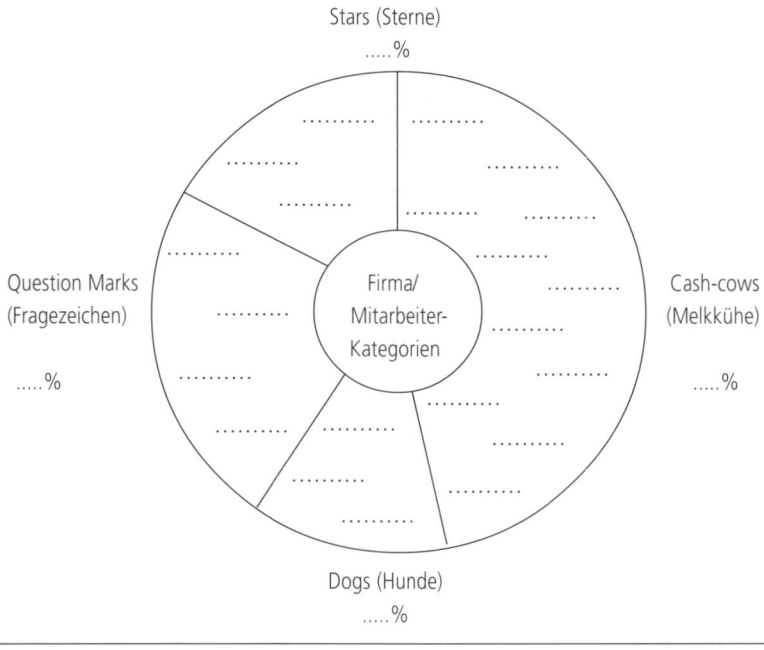

Ich-Standortbestimmung, Ist-Situation

Ihre Persönlichkeit, Ihr Wesen, Ihr „Ich" hat den Zustand, in dem Sie jetzt leben, geschaffen. Dieses Ich hat positive und negative Aspekte, es handelt nach bestimmten Kriterien, ist eine Art „Computer", in dem ein bestimmtes Programm wirksam ist und viele Daten gespeichert sind.

Viele Menschen betrachten immer wieder ihre alten „Daten". Sie scheinen „rückwärts" durch das Leben zu gehen, den Blick immer auf die Vergangenheit gerichtet. Dabei ist doch jedem bekannt, dass beim Rückwärtslaufen die Gefahr zu stolpern am größten ist. Das Wühlen in Problemen der Vergangenheit führt nur dazu, diesen Problemen durch die Betrachtung neue Nahrung zu geben. Schalten Sie den „Vorwärtsgang" ein – hin zu neuen positiven Zielen.

Viele Menschen haben Viren in ihrem Programm. Ein solcher Virus ist beispielsweise die Angst etwas nicht zu können oder etwas nicht zu schaffen. Wer jedoch ständig vor Augen hat, dass er etwas nicht kann oder einen Misserfolg produzieren könnte, wird schließlich tatsächlich unfähig sein und versagen.

Lassen Sie sich von nichts und niemanden einschüchtern oder demotivieren. Vertreiben Sie alle negativen Gedanken. Allein die Tatsache, dass Sie dieses Buch lesen, zeugt von Ihrem Erfolgswillen und der Bereitschaft, etwas an Ihrem Leben zu ändern.

Praxis-Tipp:

Setzen Sie sich attraktive Ziele. Wie wir heute aus der Verhaltensforschung wissen, ist eine Verhaltensänderung erst möglich, wenn man sich ein attraktives, ein magnetisch anziehendes Ziel setzt. Erst dann werden alle Kräfte des Unbewussten aktiv und richten sich nach dem Ziel aus.

Übung: Ihre Ist- und Soll-Situation

Beschreiben Sie Ihre persönliche Ist-Situation, hier insbesondere bezogen auf den Arbeitsbereich.

Beschreiben Sie dann die von Ihnen angestrebte zukünftige Soll-Situation, wiederum in erster Linie bezogen auf den Arbeitsbereich.

SWOT-Analyse (Stärken, Schwächen, Chancen, Gefahren)

Das Wort „SWOT" setzt sich zusammen aus den englischen Begriffen strength, weakness, opportunity, threats. Mit dieser Analyse loten Sie die Grenzen Ihres Marktes (Ihres Aktionsradius) in Bezug auf Chancen und Gefahren, aber auch im Hinblick auf Stärken und Schwächen aus.

Sie als Ihr eigener Marketing-Manager müssen genau Bescheid wissen über die Bedrohungen und Chancen, denen Sie bei Ihren zukünftigen beruflichen Plänen ausgesetzt sind. Worauf es hierbei ankommt, verdeutlichen Ihnen die beiden nachfolgenden Beispiele:

Beispiele:

Sachbearbeiterin Warenwirtschaft

Gehen wir davon aus, Sie sind Sachbearbeiterin in der Warenwirtschaft und mit der Beschaffung von Waren betraut. Dann sieht Ihr SWOT so aus:

Ihre Chancen: Ihre Firma wächst, der Einkauf erhält stets einen noch höheren Stellenwert. Die Aufgaben und das Arbeitspensum wachsen. Die Firma plant, noch weitere Sortimente hinzuzunehmen.

Die Gefahren: Eine neue EDV-Anlage soll die erforderliche Logistik ersetzen, Ihr Arbeitsplatz verändert sich drastisch. Das Aufgaben-Gebiet wird so vielseitig, dass ein qualifizierter „Leiter" extern gesucht wird, der alle organisatorischen Veränderungen umsetzen kann. Die Firma „übernimmt" sich. Ihr Risiko, Fehler zu machen, steigt, Ihr Stress nimmt zu!

Ihre Stärken: Sie sind mit der Firma „groß geworden". Sie genießen das absolute Vertrauen Ihrer Vorgesetzen. Sie sind privat nicht gebunden und „schieben Überstunden" ca. 25 p. W. ohne zu murren. Sie bilden sich derzeit EDV-mäßig weiter.

Ihre Schwächen: Sie haben in diesem Bereich noch keine Erfahrung aus anderen Firmen. Im EDV-Bereich sind Sie ein „Frischling". Sie wissen selbst, dass Sie für das, was Sie leisten, „zu billig" sind, weil Sie sich selber nicht verkaufen können. Sie hätten nie den Mut, sich um die eventuell neu zu schaffende Position zu bewerben.

Junior PM (Produktmanager) in einer Kosmetikfirma

Gehen wir davon aus, Sie sind Junior Produktmanager und unterstützen den Marketingmanager. Ihnen obliegt die Verantwortung bei einer neuen Körperpflege-Marketing-Kampagne. Sie wollen und müssen erfolgreich sein.

Ihre Chancen: Ihre Firma hat Marktkompetenz im Bereich von Pflegeserien und ist sehr innovativ. Es werden ständig neue Serien lanciert. Der Markt „boomt".

Die Gefahren: Das Know-how der Firma ist so individuell für den „mass-market" konzipiert, dass es kaum einen vergleichbaren Mitbewerber gibt. Ihr Wissen ist für andere Marktanbieter kaum nutzbar, da Ihre Firma Marktführer ist.

> **Ihre Stärken:** Das Metier ist wie für Sie geschaffen. Sie können sich absolut mit der Produktpalette identifizieren und haben Freude daran, sich ständig neue Produktideen auszudenken. Ihr Erfolg spornt Sie an und Sie trauen sich zu, nun neue Aufgaben als „Brandmanager" zu übernehmen.
>
> **Ihre Schwächen:** Sie müssten sich zum Beispiel in Abendkursen weiterbilden, weil Ihnen zum Brandmanager die Ausbildung im Bereich Werbung fehlt. Ein Abendstudium an der Akademie für Werbung ginge jedoch absolut zu Lasten Ihres Privatlebens, das ohnehin schon „zu kurz" kommt. Wie es schaffen, sich Kompetenz zu erwerben und dennoch im Familienleben „nicht auf der Strecke" zu bleiben?

Erarbeiten Sie nun Ihren persönlichen SWOT-Plan, indem Sie die nachfolgende Skizze 5 ausfüllen.

Startkapital:
Bestimmen Sie Ihren Erfolgsfaktor „USP"

Die erfolgreiche Vermarktung Ihres Produktes „Ich" hängt von verschiedenen Faktoren ab. Nur wenn Sie diese Faktoren kennen und berücksichtigen, können Sie sich steigern. Ein wichtiger Marketing-Erfolgsfaktor wird mit dem Begriff „USP" bezeichnet. USP ist die Abkürzung für „Unique Selling Proposition", mit „Alleinstellungsmerkmal" zu übersetzen.

Unter Alleinstellungsmerkmal versteht man das Merkmal, das Sie von anderen Menschen abhebt; es bezeichnet Ihre Einzigartigkeit, Einmaligkeit, Charakteristik, Ihre „Kennung", Ihr „Label", das ganz Besondere an Ihnen.

Der Erfolgsfaktor USP ist bei Konsumprodukten und Dienstleistungsprodukten (und dazu gehört auch der Mensch, denn er bietet ständig seine Dienste an) das wichtigste Unterscheidungs-

Werden Sie Ihr eigener Marketingmanager

Skizze 5:

Name: .... Erstellt am: ....

Mein persönlicher SWOT-Plan

SWOT

Strength   =   Stärken
Weakness   =   Schwächen
Opportunity   =   Chancen, Möglichkeiten
Threats   =   Gefahren, Risiken

Strength   Meine Stärken sind: ....

....

....

Weakness   Meine Schwächen sind: ....

....

....

Opportunity   Meine Chancen sind: ....

....

....

Threats   Meine Risiken sind: ....

....

....

merkmal bei einer Vielzahl von Alternativen. USP ist „the reason why", der Grund, warum man sich für dieses oder jenes Produkt bzw. für diese oder jene Dienstleistung entscheidet.

Praxis-Tipp:

Erforschen Sie Ihr persönliches „Alleinstellungsmerkmal". Ihr persönlicher USP ist das Differenzierungskennzeichen, das Sie von Ihren Mitbewerbern unterscheidet.

Die persönliche „Auslobung"

Ohne Ihren USP können Sie sich am Markt nicht durchsetzen. Das heißt, Sie benötigen eine „Auslobung" Ihrer Vorteile, wie es auch in der Werbung für die Neueinführung eines privaten Fernsehsenders, Handys oder eines familienfreundlichen Geländewagens geschieht.

Sie müssen die angebotenen Produkte oder Dienstleistungen – in diesem Fall Ihre – so beschreiben, dass Sie nicht nur für andere unverzichtbar, sondern ausgesprochen begehrlich sind. Wichtig ist jedoch auch, dass Sie exakt darstellen, worin die Produktleistung besteht und welchem Zweck sie dient, damit sich Interessenten ein genaues Bild davon machen können. Sollte „Ihr Produkt" anderen ähnlich sein, müssen Sie auf jene Faktoren eingehen, die es vom übrigen Marktangebot abheben.

Angenommen, Sie betrachten sich als ein Produkt und Ihre Tätigkeiten als Dienstleistungen, was z. B. ist an Ihnen bzw. an Ihren Tätigkeiten so besonders? Welche Vorteile haben Sie – Eigenschaften, die andere nicht oder nur selten haben?

Es mag Ihnen vielleicht ungewöhnlich erscheinen, Ihre Vorzüge zu betrachten und in den Mittelpunkt zu stellen. Vermutlich sind Sie so erzogen worden, dass Sie eher Ihre Fehler sehen und kritisch begutachten, als sich selbst zu loben. Wenn Ihnen beigebracht wurde, dass „Eigenlob stinkt", dann beginnen Sie noch heute damit, sich von dieser Sichtweise zu verabschieden, die in erster Linie dazu gedient hat, Sie „klein" zu halten. Erkennen Sie, dass „Eigenlob" – sofern Sie es tatsächlich verdienen – sehr wichtig für Ihre Entwicklung und Ihren Erfolgsweg ist, denn Lob regt das persönliche Wachstum an.

Wissen Sie, wie und wodurch Sie sich von anderen Menschen unterscheiden? Viele Menschen sehen nur die oberflächlichen Unterschiede, weil sie ein bestimmtes Bild von sich und anderen haben, weil sie über einen begrenzten Horizont verfügen. Sie sind wie in einem Haus, das von einem hohen Gartenzaun umgeben ist. Wenn sie aus dem Fenster hinaussehen, dann sehen sie nur bis zu ihrem Gartenzaun, weiter jedoch nicht. Ihr Blickwinkel ist begrenzt. Die nachfolgende Übung wird Ihnen helfen, Ihren Horizont zu erweitern.

Übung: Richtig definieren

Stellen Sie sich vor, Sie wollen einer Person, die mit geschlossenen Augen vor Ihnen sitzt, eine Tomate und ein Radieschen bildlich beschreiben, ohne dass die Person jedoch den Namen der beiden Dinge kennt. Sie werden etwa Folgendes sagen: Beide Dinge sind rot, beide sind rund, beide sind Gemüse, beide haben eine feste Schale, beide eignen sich für Salate, beide sind sehr beliebt.

Das heißt, Sie erläutern

– die Gemeinsamkeiten

– die Abgrenzungen (Differenzierung)

- Danach gehen Sie ins Detail und führen aus: Die einen sind vom Geschmack her scharf, sie wachsen im Gegensatz zu den anderen in der Erde und benötigen weniger Sonne. Sie sind universeller im Anbau und wachsen auch in Regengebieten (pflegeleichter). Sie sind „billiger" als die anderen.

- Nun arbeiten Sie das Alleinstellungsmerkmal (USP) heraus:

  Die einen (Radieschen) sind „pikante Scharfmacher". Die anderen (Tomaten) sind „vielseitig": Man isst sie als heiße Bolognese, als kaltes „Ketchup", kalt als Salat, oder als Saft bzw. Cocktail.

  Sie können diese Übung nun auch für sich und Ihre Situation machen. Nehmen Sie sich als Beispiel oder Ihre Kollegen oder sich selbst und Ihre Teampartner (z. B. im Sport).

- Welche Gemeinsamkeiten haben Sie mit den anderen (z. B. Sie und Ihre Kollegen sind erst kurze Zeit in der Firma, Sie sind alle unter 30 und wollen eine höhere Position und ein besseres Einkommen usw.)?

- Beschreiben Sie dann die Details, durch die Sie sich von den anderen unterscheiden (z. B. Sie haben Abitur und die anderen nur Hauptschulabschluss, Sie haben zwei Jahre lang in Amerika gelebt und sprechen fließend englisch usw.).

- Und nun arbeiten Sie Ihr Alleinstellungsmerkmal (USP) heraus, z. B. Sie sind ein „Schnellstarter", während die anderen wesentlich länger brauchen, ehe sie eine Sache checken und in die Gänge kommen.

  Wichtig: Was Ihnen bisher gefehlt hat, ist ein persönliches „Portfolio", mit dem Sie sich definieren, abgrenzen und gewichten können. Ihr persönliches Portfolio verhilft Ihnen zu einer klaren Selbstdefinition und damit zu mehr Selbstbewusstsein. Erkennen Sie Ihre Besonderheiten, Ihr Alleinstellungsmerkmal, Ihren USP, der beispielsweise aus einem Satz bestehen könnte wie:

- Nichts ist unmöglich (Toyota)

- Aus Erfahrung gut (AEG)

- Qualität hat einen Namen (Siemens)
- Ihr guter Stern auf allen Straßen (Mercedes)
- Praktisch – quadratisch – gut (Ritter Sport)

Sie sehen, aus Eigenschaften werden Wortspiele und daraus Slogans, die jeder kennt. So einen Slogan sollten Sie am Ende der Übung für sich selbst kreiert haben.

Ihr Aktionsumfeld:
Hier wollen Sie gezielt agieren

Sie haben Ihre Marketing-Situation bestimmt, also Ihre Ausgangsposition, von der aus Sie planen und agieren können. Für ein effektives Marketing-Management ist es jedoch notwendig, dass Sie auch Ihr Aktionsumfeld kennen und dementsprechend die von Ihnen geplanten Aktionen ausrichten können.

Übung:

Machen Sie nun die nachfolgende Übung, um Ihren USP zu ermitteln.

Stellen Sie sich vor, Sie eröffnen ein neues Geschäft und setzen sich zum Ziel, innerhalb von fünf Jahren so viel Geld damit zu verdienen, dass Sie auch in anderen Städten Filialen aufmachen können. Um diesen Plan zu realisieren, müssen Sie wie ein Fußballtrainer vorgehen, der mit seiner Mannschaft Deutscher Meister oder Europameister werden möchte. Als erstes bestimmen Sie Ihre aktuelle Marketing-Situation und danach Ihren USP.

In einem weiteren Schritt geht es nun darum, dass Sie Ihr Aktionsumfeld bestimmen. So wie der Trainer, der einen Mannschaftsplan sowie eine Strategie aufstellt, die Gegner analysiert, gegen die er gewinnen möchte, müssen auch Sie Ihr Umfeld genau unter die Lupe nehmen. Wenn Sie beispielsweise eine Werbekampagne planen, genügt es nicht, ansprechende Werbezettel zu

Skizze 6:
Name: .... Erstellt am: ....

Mein persönlicher USP

USP = **U**nique **S**elling **P**roposition   Was ist das Besondere an mir?

- Benoten Sie Ihre Eigenschaften. Kreuzen Sie die Ausprägung entsprechend an und verbinden Sie die Kreuzchen mit Linien. Aus den Polaritäten entsteht Ihr persönliches Profil.
- Fügen Sie 4 bis 6 Schlagworte zu einer prägnanten, (möglichst positiven) Aussage zusammen und formulieren Sie Ihren USP in Form eines Werbeslogans.

	sehr			neutral			sehr		
	4	3	2	1	0	1	2	3	4	
jung		X								alt
dynamisch		X								passiv
konservativ						X				progressiv
sportlich			X							unsportlich
modisch			X							unmodisch
bescheiden		X								anspruchsvoll
billig										teuer
gebildet			X							ungebildet
langweilig								X		unterhaltsam
witzig			X							fad
begeisterungsfähig	X									zurückhaltend
nervös					X					nervenstark
konditionsstark		X								konditionsschwach
bürokratisch							X			unbürokratisch
neugierig		X								abwartend
unglücklich								X		optimistisch
unzufrieden								X		zufrieden
kritisch		X								unkritisch
erfolgsorientiert		X								genügsam
leistungsfähig		X								leistungsscheu
selbstbewusst			X							unsicher
attraktiv	X									unattraktiv
kreativ		X								unkreativ
visionär		X								real
fleißig		X								faul
engagiert		X								nicht engagiert
zielstrebig		X								planlos
Teamtyp		X								Einzelkämpfer
Stadttyp										Landtyp
Meinungsbildner			X							Mitläufer
streitsüchtig								X		kompromissfähig
evtl. weitere										

Mein persönlicher USP lautet: _AVENTIS_   erfolgsorientiert

attraktiv – Visionär – engagiert – neugierig – Teamtyp – inspiriert

drucken oder große Anzeigen aufzugeben, sondern Sie müssen das Umfeld Ihrer geplanten Aktionen inspizieren. Wer sind Ihre Geschäftsnachbarn? Wie stehen diese Ihren geplanten Aktionen gegenüber? Lehnen sie Ihr Konzept ab oder würden sie sich gerne daran beteiligen? Welche Zielgruppen erreichen die von Ihnen geplanten Annoncen in den Zeitungen? Welche Zeitungen haben welche Auflagen? In welchen Gebieten werden sie verbreitet? Wann haben diese Zeitungen die höchsten Auflagen? Usw.

Unerlässlich: Marktforschung

Wenn Sie Ihr Aktionsumfeld bestimmen wollen, müssen Sie Marktforschung betreiben, d. h., Sie müssen bestimmte Recherchen anstellen, um den von Ihnen bevorzugten Markt zu analysieren. Das ist für Geschäftsleute, die bereits nach den Regeln des Marketing agieren, eine gewohnte und unabdingbare Vorarbeit. Für Sie als Privatmensch jedoch, der bisher noch kein Self- bzw. Life-Marketing betrieben hat, ist eine Recherche Ihres Marketingumfeldes eine ungewohnte Vorgehensweise. Dennoch können Sie ohne eine solche Marktforschung nicht die für Ihr angestrebtes Ziel notwendige Marketing-Strategie festlegen.

Wenn Sie Marktforschung betreiben, um Ihr Aktionsumfeld zu bestimmen, denken und handeln Sie marktorientiert. Es kommt darauf an, dass Sie Ihre persönlichen und vordergründigen Interessen den Interessen anderer, denen Sie sich „verkaufen" wollen, aus taktischen Gründen unterordnen.

Praxis-Tipp:

Die Bedürfnisse des Marktes, auf dem Sie erfolgreich agieren wollen, stehen grundsätzlich im Vordergrund.

Auf diese Bedürfnisse richten Sie Ihre Strategie aus. Dabei müssen Sie sich jedoch nicht zum Sklaven anderer machen oder sich dabei selbst verleugnen. Vielmehr führt Ihr Weg nur dann zum Ziel, wenn er auf Nachfrage ausgerichtet ist und nicht nur auf Ihr Angebot. Und die Nachfrage bzw. Bedürfnisse anderer ermitteln Sie durch Marktforschung.

Bei der Bestimmung Ihres Aktionsumfeldes geht es einerseits darum, Ihre individuelle Marketing-Position zu definieren. Für die richtige Positionierung spielen Ihre Eigenschaften eine Rolle sowie Ihr Erscheinungsbild, so wie es von anderen wahrgenommen wird. Bestimmen Sie auch Ihr persönliches Leistungspaket und vergleichen Sie sich mit anderen. Ihre Positionierung spielt in allen Bereichen des Lebens eine wichtige Rolle, ganz gleich, ob im beruflichen, privaten oder gesellschaftlichen Bereich. Über die „Positionierung" haben Sie bereits im Kapitel „Die Analyse Ihrer Marketingsituation" gelesen, denn auch dort spielt die Positionierung eine wichtige Rolle. Zusammen mit der Bestimmung Ihrer Positionierung in Ihrem Aktionsumfeld ergibt sich somit Ihr persönlicher Life-Marketing-Radius.

Neben der Bestimmung Ihrer persönlichen Marketing-Positionierung in Ihrem Aktionsumfeld ist es auch wichtig, dass Sie den „Markt", auf dem Sie agieren wollen, analysieren. Wenn Sie, z. B. künstlerisch erfolgreich tätig sein wollen, heißt das, dass Sie die Kunstszene unter die Lupe nehmen müssen. Nehmen wir hier den Buchmarkt. Welche Trends herrschen in diesem Markt? Hat die Branche Zukunft? Wer sind in erster Linie die Leser? Welche Buchbereiche haben hohe Auflagenzahlen, welche geringe? Wie viele Autoren gibt es bereits in diesem Markt? Welche davon sind erfolgreich?

Wenn Sie Ihr Aktionsumfeld genau kennen, können Sie Ihre Erfolgsstrategie festlegen. Es hat beispielsweise keinen Sinn, wenn Sie geschichtliche Fachbücher oder Biographien schreiben, weil Sie damit niemals hohe Auflagenzahlen und Einnahmen erreichen können. Wenn Sie wissen, dass sich Romane am besten verkaufen, dann können Sie dementsprechend vorgehen und in dieser

Richtung agieren. Wenn Sie zudem wissen, dass viele Bücher heute in Teamarbeit von zwei oder drei Autoren und dazu noch erfolgsorientiert geschrieben werden, können auch Sie sich in diese Richtung entwickeln.

Ebenso verhält es sich, wenn Sie sich beruflich verändern wollen, z. B. die Branche wechseln, sich umschulen lassen. Auch dann sollten Sie die wirtschaftlichen Trends genau unter die Lupe nehmen. Hat die von Ihnen angestrebte Branche gute Zukunftsaussichten? Wenn ja, wie lange noch und in welcher Form? Natürlich kann niemand ahnen, ob nicht vielleicht plötzlich eine neue Technologie Ihren angestrebten Beruf überflüssig macht. Dennoch sollten Sie hier eine fundierte Marktforschung betreiben, denn dadurch lassen sich auch Trends schon vorher relativ deutlich erkennen.

Sie sehen, es gilt unzählige Überlegungen anzustellen, bevor es mit der eigentlichen Aktion losgeht. Je umfassender Sie vorher überlegen, um so besser gelingt Ihr Vorhaben. So, wie Sie an den Bau eines Hauses herangehen, sollten Sie mit allen Bereichen Ihres Lebens handeln, ganz egal, ob beruflich, privat oder gesellschaftlich. Dann ist Ihr Leben kein Kartenhaus, das beim nächsten Sturm zusammenfällt, sondern wie eine Burg, die solide und stark in der Landschaft steht.

Im Fokus:
Formulieren Sie Ihre Marketingziele

Viele Menschen haben keine konkreten Ziele in ihrem Leben. Sie sagen z. B.: „Ich möchte gerne umziehen", aber sie wissen nicht wohin, ob in eine Wohnung oder ein Haus, ob in die Stadt oder auf das Land, ob in eine Altbau- oder Neubauwohnung, ob mieten oder kaufen, ob drei, vier oder noch mehr Zimmer usw. Wieder andere sagen: „Ich wünsche mir ein höheres Einkommen", aber sie haben keine Vorstellung, wie sie diesen Wunsch realisieren können, ob sie ihre Arbeitsstelle wechseln, eine Fortbildung machen, mit ihrem Chef sprechen, sich selbständig machen, einen zusätzlichen Job annehmen oder Lotto spielen sollen.

Was Sie brauchen, um schnell und sicher Ihre Wünsche und Vorhaben zu realisieren, ist ein Ziel. Wenn Sie ein festes, attraktives Ziel haben, z. B. eine Südseekreuzfahrt machen, eine erfolgreiche Sängerin werden, beruflich Karriere machen, einen Eintrag ins Guinness-Buch der Rekorde schaffen, mit Ihrem Heißluftballon die Welt umsegeln wollen usw., dann wird dieses Ziel wie ein leuchtender Stern an Ihrem „Lebenshimmel" stehen und Ihnen den Weg weisen. Sie irren dann nicht mehr umher oder bewegen sich zögerlich in eine Richtung, sondern Sie starten durch, marschieren zielgerichtet los, verlieren sich nie, sondern folgen Ihrem Leitstern, der Sie sicher ans Ziel bringt.

Sie müssen also vor dem Start erst Ihren Zielpunkt festlegen. Ihren Zielen gehen Ideen und Wünsche voraus. Legen Sie Pläne mit kurz-, mittel- und langfristigen Zielen fest und bestimmen Sie Ihre individuelle Planungsphase, z. B.: Was möchten Sie erhöhen? Was möchten Sie verändern? Was verbessern? Was steigern? Was reduzieren? Je attraktiver Ihr Ziel ist bzw. Ihre Ziele sind, desto stärker werden Sie davon angezogen, desto heller leuchtet Ihr „Leitstern".

Praxis-Tipp:

Machen Sie sich eingehend über Ihr Ziel/Ihre Ziele Gedanken. Ziele formulieren heißt nicht Träumen nachzuhängen. Es sei denn, Sie möchten wirklich von ganzem Herzen, dass Ihre Träume Wirklichkeit werden. Dennoch sollten Sie achtsam sein und Träume von echten Wünschen und konkreten Zielen trennen.

Um mehr Klarheit in Ihre Träume bzw. Wünsche und Ziele zu bringen, sollten Sie die nachfolgende Übung durchführen.

Übung: Ihre konkreten Ziele

■ Schreiben Sie 3 bis 5 Ihrer Träume auf.

....

....

....

■ Schreiben Sie 3 bis 5 Ihrer Wünsche auf.

....

....

....

■ Formulieren Sie nun ganz konkret Ihre Ziele. Teilen Sie diese in drei verschiedene Gruppen: Ziele für 12 Monate, Ziele für 2 bis 5 Jahre, Ziele für 5 bis 10 Jahre.

Ziele könnten z. B. sein: Ich möchte mich beruflich verändern und dadurch verbessern (Firmenwechsel), ich möchte mich innerhalb der Firma um eine andere Position bewerben (Gruppenleitung), ich möchte mich weiterbilden, ich möchte mein Image verändern, ich möchte einen Lebenspartner finden, der zu mir passt. Prüfen Sie sorgfältig, welche Ihrer Ideen, Träume und Wünsche zu konkreten Zielen werden sollen.

a) Meine Ziele für die nächsten 12 Monate (Jahresplanung)

Firma Masen / Strukturen neuen
und mich einordne

....

b) Meine Ziele für die nächsten 2 bis 5 Jahre (mittelfristige Planung)

Team leiten   verantwortungsvolle
Projekte leiten   Position
gute Performance
Aufstieg in der Firma

56

c) Meine Ziele für die nächsten 5 bis 10 Jahre (langfristige Planung)

....

....

....

Wenn es Ihnen widerstrebt, eine mittel- bzw. langfristige Planung zu machen, weil Sie vielleicht der Ansicht sind, es sei unsinnig, die Zukunft auf einen so fernen Zeitpunkt festzulegen, so sollten Sie sich vor Augen halten, dass im Prinzip alle erfolgreichen und erfolgsorientierten Menschen mit solchen Planungen „arbeiten". Je erfolgreicher die Menschen sind, umso mehr konzentrieren sie sich auf die Planung ihres weiteren Lebenserfolgs und -glücks.

In vielen Persönlichkeits- und Business-Seminaren, an denen auch sehr erfolgreiche Top-Geschäftsleute und -Manager teilnehmen, wird mit Zieldefinition und Planung gearbeitet. In der breiten Masse der Gesellschaft ist diese Methode jedoch wenig bekannt. Wenn Sie aber etwas an Ihrem Leben verändern wollen, sei es im beruflichen, geschäftlichen, privaten oder gesellschaftlichen Bereich, müssen Sie sich die Methode der Zieldefinition und Planung unbedingt zu eigen machen. Erst wenn Sie Ihr Ziel/Ihre Ziele festgelegt haben, können Sie die Marketing-Strategie zur Zielerreichung bestimmen und danach handeln.

Achtung: Ihr Marketing-Plan sollte geheim bleiben! Wenn Sie eine Mappe haben, in der Sie Ihre Aufzeichnungen/Planungen ablegen, so sollten Sie diese von außen gut sichtbar mit „Vertraulich" – „Streng geheim" kennzeichnen. Das gibt Ihnen das Vertrauen zu Ihrem eigenen Tun. Sie schreiben Ihre geheimsten Wünsche nieder, Sie formulieren daraus eine Zielsetzung, von der vorerst niemand etwas weiß. Sie und nur Sie selbst entscheiden, wen Sie in Ihr Vertrauen ziehen.

Ab dem Stichtag X, am besten noch heute oder schon morgen, beginnen Sie mit der Umsetzung Ihrer Marketingziele. Sie erleichtern sich die Umsetzung Ihrer Ziele, wenn Sie sich die notwendigen Schritte, die Sie zum Ziel führen, vorher aufschreiben. Denken Sie an ein Menü für ein Festmahl, das Sie kochen wollen, denn auch dann schreiben Sie sich die Zutaten und die einzelnen Schritte für die Realisierung des Festmahls auf.

Zielen Farbe geben

Für Ihre drei verschiedenen Marketingziele bzw. Zielegruppen, die Sie sich erarbeitet haben, verwenden Sie am besten drei verschiedene Farben, z. B. für die kurzfristigen Ziele die Farbe rot, für die mittelfristigen Ziele gelb und für die langfristigen grau. Sie können natürlich auch die Farben ganz nach Ihrem Geschmack bestimmen. Kaufen Sie sich Karteikarten oder schneiden Sie sich Zettel aus festem Papier. Schreiben Sie nun Folgendes auf die Kärtchen:

To do: Rote Karteikarte – kurzfristige Ziele

Ziel 1:   Image verändern

To do: Farb- und Stilberatung aufsuchen
             Friseurbesuch
             Fitnessstudio buchen

Ziel 2:   Lifestyle verändern

To do: Wohnung neu gestalten
             Einweihungsparty geben
             Neue Freunde aus Fitnessclub einladen

Ziel 3:   ...

To do: Gelbe Karteikarte – mittelfristige Ziele

Ziel 1:   berufliche Weiterbildung anstreben

To do: Sprachkurse buchen (Businessenglisch, Spanisch usw.)
             Computerkurse buchen (Zeitraum, Kosten, Förderung
             durch die Firma, Bildungsurlaub etc.) usw.

Ziel 2:   **Job-Optimierung**

To do: Arbeitsplatzbeschreibung
                Beurteilungsbögen

Ziel 3:   **Veränderung des Arbeitsplatzes**

To do: Regelmäßig Stellengesuche lesen und archivieren
                Kontakt zu Headhuntern aufnehmen
                Alle Visitenkarten, die Sie erhalten, sammeln
                Firmen, die in Frage kommen, suchen

To do: **Graue Karteikarte – langfristige Ziele**

Ziel 1:   Beziehung festigen, Familie gründen

              ....

Ziel 2:   Eigentumswohnung oder Haus im Grünen kaufen

              ....

Ziel 3:   Arbeitsplatz festigen, Aufstiegschancen und Karriere sichern!

Lassen Sie Ihren Gedanken freien Lauf. Machen Sie ein Brainstorming. Das heißt auch „Visionen" aufzubauen, auf sich und in sich hinein zu hören, Energien aufzuspüren und zu mobilisieren, die Neues in Bewegung und Schwingung setzen können.

Praxis-Tipp:

- Mit Brainstorming lassen Sie Ihren Geist frei fließen ohne ihn, wie es sonst häufig der Fall ist, ständig zu gängeln oder zu blockieren. Lassen Sie den frischen Wind des Marketings in Ihrer Welt Einzug halten, denn Ihr Marketing-Plan ist wie eine Bibel, in der Sie selbst Ihre Zukunft festschreiben.

- Ihre Planung ist jedoch kein Diktat, Sie können sie jederzeit anhand neuer Erkenntnisse und Erfahrungen verändern, optimieren oder anpassen.

Schritt für Schritt nach oben:
Ihr Marketing-Stufenplan

Nachdem Sie Ihr Ziel/Ihre Ziele festgelegt haben, sollten Sie nun einen Marketing-Stufenplan entwickeln, um Ihr Ziel/Ihre Ziele zu erreichen. Es ist in den seltensten Fällen möglich, ein Ziel auf Anhieb zu realisieren. Das ist auch nicht unbedingt nötig. Nähern Sie sich Schritt für Schritt Ihrem Ziel.

Ihr kurzfristiges Ziel lautet z. B.: Ich will innerhalb dieses Jahres in eine neue, größere Wohnung umziehen. Erstellen Sie für dieses Ziel Ihren Marketing-Stufenplan, der folgendermaßen aussehen könnte:

Marketing-Stufenplan: Kurzfristiges Ziel

1. Stufe: Mietangebote sichten (Zeitungen, Internet usw.)

2. Stufe: Seriöse Makler kontaktieren, Angebote einholen

3. Stufe: Im Freundes- und Bekanntenkreis die Wohnungssuche bekannt machen, Informationen einholen, Kontakte knüpfen

4. Stufe: lokalen Mietmarkt, Mietspiegel, Mietpreise u. a. analysieren

5. Stufe: Beschreibung der gewünschten/benötigten Räumlichkeiten aufstellen

6. Stufe: Definition des neuen Domizils (Ortsbestimmung, öffentliche Verkehrsmittel, Schulen usw.)

7. Stufe: Finanziellen Spielraum ermitteln

8. Stufe: Anforderungsprofil der Vermieter prüfen und ggf. Unterlagen, Referenzen u. a. besorgen

9. Stufe: Sich über vertragliche Bedingungen informieren und bestimmte Punkte unter Klärungsbedarf stellen

---

noch: Marketing-Stufenplan: Kurzfristiges Ziel

10. Stufe: Strategie erstellen für die Wohnungsbesichtigung und Kontaktgespräch mit dem Vermieter/Eigentümer

11. Stufe: Argumente festlegen, damit man den Vermieter von sich als den idealen Mieter überzeugen kann

Sie sehen, viele Schritte sind nötig, um die Leiter zum Erfolg zu erklimmen. Die Dringlichkeit bestimmt dabei die Anzahl der Stufen. Bei einem mittelfristigen Ziel, z. B. die „Veränderung des Arbeitsplatzes" oder „Suche nach einem neuen Job" könnte Ihr Marketing-Stufenplan etwa wie folgt aussehen:

Marketing-Stufenplan: Mittelfristiges Ziel

1. Stufe: Stellenangebote sichten (Zeitung, Internet)

2. Stufe: Ordner der für Sie interessanten Firmen anlegen

3. Stufe: Headhunter kontaktieren

4. Stufe: Andere Kontakte knüpfen – Vertrauenspersonen etc.

5. Stufe: Anforderungsprofil der Stellenangebote prüfen und Trend analysieren

6. Stufe: Prüfen, ob innerhalb der eigenen Firma ein vergleichbares Anforderungsprofil existiert; Kontaktaufnahme mit zuständiger Person

7. Stufe: Stellenbeschreibung des eigenen Jobs aufstellen bzw. wenn vorhanden, aktualisieren und mit dem Soll-Profil der neuen Position vergleichen

noch: Marketing-Stufenplan: Mittelfristiges Ziel

8. Stufe: Job-Lücken kompensieren durch Weiterbildung o. a. Prüfung, wodurch fehlende Kompetenz ausgeglichen werden kann

9. Stufe: Bewerbungs-Unterlagen erstellen und aktualisieren

10. Stufe: Literatur wälzen über die richtige Art, sich zu bewerben

11. Stufe: Bewerbungsstrategie aufstellen

Auch mal egoistisch sein!

Ihr Marketing-Plan spricht Ihre Sprache. Haben Sie schon einmal überlegt, wie Sie sprechen, wie Sie formulieren, wie Sie argumentieren, wie Sie taktieren? Wundern Sie sich manchmal, dass Sie sich trotz guter Argumente nicht durchsetzen? Oft kann dies am Ton liegen, den Sie verwenden. Wenn Sie die Dinge aufschreiben, liegt kein Ton bzw. Tonfall und Unterton darin, sondern Ihre Worte werden so präzise wiedergegebenen, wie Sie Ihr Verstand produziert hat. Wenn Sie Ihre Ziele schriftlich nach einem Stufenplan formulieren, klingen Ihre Worte nicht so aggressiv, wie dies häufig in Gesprächen der Fall ist. Sie müssen auch nicht die berühmte Trotzhaltung einnehmen, die andere zum Abblocken zwingt. Gehen Sie stattdessen von der sachlichen Ich-Formulierung aus, die für Sie den besten Erfolg bringt.

Scheuen Sie sich nicht davor, einmal ganz egoistisch zu sein, auch wenn man Ihnen in Ihrer Erziehung vielleicht eingeredet hat: „Wer immer nur von sich spricht, ist ein Egoist".

Praxis-Tipp:

Eine gesunde Portion Egoismus ist lebenswichtig!

Formulieren Sie Ihren Stufenplan nun in der Ich-Form:

„*Ich* gehe die Stellenangebote von anderen Firmen durch, *ich* setze mich hin und aktualisiere meine Stellenbeschreibung, *ich* suche ein Personalgespräch, in dem die nächsten Entwicklungsschritte schriftlich festgehalten werden, *ich* mache Überstunden, wenn es zum Besten meines Jobs erforderlich ist, *ich* stelle die Weichen in Richtung Karriere. *Ich* entscheide, wer mich auf dem Weg zum Erfolg begleitet. *Ich* entscheide, wer zu meinem Freundeskreis zählt."

Die einzelnen Stufen Ihres Marketing-Stufenplans entsprechen bestimmten Zeiträumen – Tage, Wochen, Monate –, die es Ihnen ermöglichen, in machbaren Zeitabschnitten zu handeln, um Ihren Zielen näher zu kommen. Es empfiehlt sich, „Reserven", zeitliche Pufferzonen einzubauen, denn die Realität wird Ihren Zeitplan beeinflussen.

Jede erreichte Stufe ist bereits ein Erfolg. Auch wenn es lange dauert, dürfen Sie Ihr Ziel nie aus den Augen verlieren, es sei denn, Ihr Ziel ist nicht mehr aktuell. Mit einem Marketing-Stufenplan fliegen Sie ab wie mit einem Flugzeug und landen an Ihrem Zielort – die Route dürfen Sie dabei selbst festlegen.

Sollten Sie Ihr Ziel nicht erreichen, kommen Sie sich selbst nicht mit Entschuldigungsfloskeln, Sie müssen sich selbst nicht belügen oder betrügen. Sie dürfen Gründe und Argumente für die Kursabweichung suchen, doch das darf keine Versagensängste auslösen. Der Erfolgsdruck muss bleiben, er soll Sie jedoch immer positiv stimmen – ohne Selbstabwertung. Bleiben Sie im Marketing gelassen, denn niemand kennt Ihre Pläne und nur Sie kennen Ihre Strategie.

So schaffen Sie es:
Ihre persönliche Erfolgsstrategie

Strategie ist die Vorgehensweise eines Menschen in einer bestimmten Angelegenheit, um erfolgreich ans Ziel zu kommen. Der Begriff „Strategie" wurde und wird in erster Linie in der Kriegskunst verwendet. Heute, da im Prinzip das ganze Leben, insbesondere der Berufs- und Geschäftsbereich, eine Art „Kriegsschauplatz" ist, verwendet man den Begriff „Strategie" im Prinzip für die Kunst, im Leben bestimmte Ziele erfolgreich zu verwirklichen. Die für Sie erfolgversprechendste Strategie ist der Weg, der Sie rasch und sicher an Ihr Ziel bringt und der Ihnen zudem am meisten einbringt.

Beispiel

- Der Unternehmer und Buchautor Erich Lejeune hat sich vor einigen Jahren zum Ziel gesetzt, den Umsatz seines Unternehmens, die CE Consumer Electronic, innerhalb von fünf Jahren auf über eine Milliarde Mark zu verzwanzigfachen. Für dieses hohe Ziel entwarf er eine entsprechende Strategie.

- Er schrieb Bücher über seinen bisher erreichten Erfolg als Unternehmer und darüber, wie auch andere erfolgreich werden können (Lebe ehrlich, werde reich; Du schaffst, was du willst) und zudem die entsprechenden Motivationsbegleiter (365 x Motivation für jeden Tag). Dazu inserierte er mehrmals in den Wochenendausgaben großer Tageszeitungen, in denen er mit jeweils ein- bis halbseitigen Annoncen (jede Anzeige kostete mehrere zigtausend Mark, die er im Übrigen aus eigener Tasche zahlte) für seine Bücher warb. Er gab super Verkaufszahlen an und machte auf sich als den erfolgreichsten Unternehmer Deutschlands aufmerksam.

- Lejeune forderte zudem Interessenten auf, ihre persönliche Erfolgsstory an ihn bzw. einen lokalen Radiosender, mit dem er eine Art Preisausschreiben vereinbart hatte, zu schicken. Für jede Veröffentlichung garantierte er eine Aktie der CE im Wert von 500 Mark.

- Nachdem eines seiner neuen Bücher erschienen war, verkündete er bald darauf in einer Großanzeige: „Erstauflage innerhalb von 2 Wochen ausverkauft!" In Insiderkreisen vermutete man, dass er die Erstauflage vermutlich selbst gekauft hatte, um den Erfolg seines Buches zu pushen.

- Eine weitere Erfolgsstrategie war folgende: Lejeune erklärte sich offiziell, wiederum in Großanzeigen in Zeitungen, zum Sponsor des Bundesliga-Aufsteigers SpVgg Unterhaching. Mr. Erfolgreich sponsert Club Nobody! In den Zeitungen sah man die Mannschaft mit einem Luxus-Bus, ausgestattet mit allen Schikanen, zu ihrem ersten Bundesliga-Spiel fahren – ein Geschenk von Erich Lejeune.

Die Strategie von Erich Lejeune ist klar: Er wollte nach außen demonstrieren, dass er ein Erfolgsmensch ist, zudem clever, rührig, zukunftsträchtig, erfolgsorientiert. Seine Botschaft: Kauft die Aktien meines Unternehmens, denn mein Unternehmen ist so wie ich bin: erfolgreich, clever, rührig, zukunftsträchtig, erfolgsorientiert. Mit seiner Strategie hat es Lejeune bereits erreicht, dass sein Unternehmen binnen kurzer Zeit seinen Börsenkurs verachtfacht und seinen Wert auf 1,5 Milliarden erhöht hat. Der ehrgeizige Unternehmer will hoch hinaus. Dank einer ausgeklügelten Strategie bewegt er sich konstant auf sein Ziel zu.

Erich Lejeune ist kein Einzelfall. Immer mehr nach Erfolg strebende Menschen „arbeiten" heute mit ausgefeilten Strategien, um ihr Ziel zu erreichen: Manager, Künstler, Unternehmer, Sportler, Medienleute, Banker, Unternehmensberater, Politiker, Marketing-Berater usw.

Während im Berufs- und Geschäftsleben immer öfter mit Strategien „gearbeitet" wird, ist diese Art des Vorgehens im Privatbereich noch weithin ungenutzt. Strategien lassen sich für alle Bereiche des Lebens anwenden. Wenn Sie beispielsweise eine 30- oder 35-jährige geschiedene Frau sind und einen neuen Partner suchen, werden Sie Ihrem Ziel näher kommen, wenn Sie sich, nachdem Sie diesen Schritt sorgfältig geplant haben, eine gute Strategie zurechtlegen. Sie wollen ja schließlich nicht irgendeinen übrig gebliebenen Sonderling, sondern den Mann, den Sie sich vorstellen – aber genau diesen Mann wollen auch andere Frauen. Daher brauchen Sie eine sehr gute Strategie, um Ihr Ziel zu erreichen. Viele Menschen „arbeiten" weder mit fundierten Planungen noch mit entsprechenden Strategien. Ihr Leben verläuft eher nach dem Zufallsprinzip. Manchmal klappt es und sie erreichen das, was sie sich wünschen, oft jedoch klappt es nicht.

Übung: Gezielter planen

Überlegen Sie: Führen Sie ein Leben nach dem Zufallsprinzip oder haben Sie schon einmal bestimmte Ereignisse, z. B. Hochzeit, Kindergeburtstag, Gartenparty, Urlaubssafari, Umzug usw. geplant und strategisch durchgeführt? Lassen Sie diese vergangenen Ereignisse vor Ihrem geistigen Auge Revue passieren und analysieren Sie diese:

- Was genau haben Sie damals alles geplant, organisiert, getan?

- Welche Faktoren haben Sie dabei berücksichtigt?

- Wie sind Sie im Einzelnen vorgegangen?

- Welches Resultat haben Sie am Ende erzielt?

- Waren Sie zufrieden, erfolgreich, glücklich mit sich und dem Erreichten?

- Was wäre gewesen, wenn Sie nicht so sorgfältig vorgegangen wären, sondern viel mehr dem Zufall überlassen hätten?

Schon immer besaßen die Menschen eine natürliche Bewunderung für strategisch begabte und geschickte Menschen. Sie sagten bzw. sagen anerkennend: „Er ist ein guter Stratege" oder „mit dieser Strategie wirst du Erfolg haben!" Ein guter Feldherr oder General ist immer auch ein hervorragender Stratege.

Stellen Sie sich vor, Sie wären ein ausgezeichneter Stratege und beherrschten die Kunst der Lebens-Strategie: Was würden Sie an Ihrem Leben ändern, verbessern? Wie würden Sie dabei strategisch vorgehen, um Ihre Ziele zu erreichen? Sie werden vieles anders sehen, alles für machbar halten und an die eigenen Fähigkeiten glauben.

Wenn eine Strategie nicht ausreicht, so können Sie auch verschiedene Strategien mischen. Bekanntlich führen viele Wege nach Rom, doch der Weg wird immer von Menschen begleitet sein, deshalb gilt: Begegnen Sie allen Menschen höflich, mit Achtung und Respekt und bleiben Sie immer menschlich! Nur wer mit Menschen umzugehen versteht, wird in seinem Leben und in seiner Karriere weiterkommen.

Praxis-Tipp:

- Nehmen Sie sich erfolgreiche Menschen und deren Erfolgsstrategien zum Vorbild. Wenden Sie sie auf Ihr eigenes Leben an.

- Nehmen Sie an Business- oder Persönlichkeitsseminaren teil, in denen Sie die Grundlagen für erfolgreiche Strategien lernen und trainieren können.

Mit einer ausgeklügelten Strategie können Sie (fast) jedes Ziel erreichen. Es gibt verschiedene Strategien, die Sie anwenden können, um Ihr Ziel zu erreichen. Legen Sie alle Strategien fest, die Sie zu Ihrem Ziel führen. Am besten machen Sie schriftliche Notizen hierüber, denn sonst geraten diese schnell in Vergessenheit. Vergleichen Sie alle Strategien miteinander und arbeiten Sie die

Vor- und Nachteile heraus. So können Sie die für Sie erfolgversprechendste Strategie festlegen und erfolgreich umsetzen.

Die Quintessenz:
Kreieren Sie Ihr Werbekonzept

Vielleicht haben Sie auch schon mal den Spruch gehört: „Ohne Werbung läuft heute gar nichts mehr!" Tatsächlich ist es so, dass der Geschäftsmann, der Reklame für seine Produkte macht, höhere Verkaufszahlen erreicht als der Geschäftsmann, der keine Werbung betreibt. Werbung begegnet uns überall: in der Zeitung, in der Firmen, Geschäfte und Selbständige Werbung für sich machen, im Fernsehen, in dem alle 15 bis 20 Minuten Spielfilme von mehrminütigen Werbeblocks unterbrochen werden, oder Postwurfsendungen, Prospekte usw., die regelmäßig im Briefkasten liegen.

Der Zweck von Werbung ist, auf bestimmte Produkte und deren Nutzen aufmerksam zu machen. Zum Thema Werbung lassen sich viele Firmen einiges einfallen und so sind heute Werbesendungen oft verbunden mit kleinen humorvollen Stories, die den Konsumenten geschickt unterhalten und dabei das jeweilige Produkt präsentieren. Man denke nur an „Haribo" mit Thomas Gottschalk, an die „Adidas-Werbung" mit den Spielern vom FC Bayern.

Eigenwerbung macht Sinn

Haben Sie schon einmal Werbung für sich betrieben? Vermutlich werden Sie spontan mit „nein" antworten, aber bei genauerer Betrachtung werden Sie erkennen, dass es sich anders verhält. Alle Menschen betreiben in einem gewissen Maße Werbung für sich selbst: die Hausfrau und Köchin für ihre selbst gebackene Torte, „die musst du probieren, die ist lecker!"; der Hobbybastler für die von ihm selbst gebaute Kommode, „nach eigenen Entwürfen handgefertigt!" oder die Sportlerin für ihre Kondition „ich schwimme in einer halben Stunde durch den XY-See!"

Mit Reklame zum Erfolg

Durch Eigenwerbung machen die Menschen auf sich, ihre Qualitäten und das, was sie leisten, aufmerksam. Sie sagen selbstzufrieden: „Das ist mir aber wieder gut gelungen!" und demonstrieren damit ihren Mitmenschen, wie toll sie sind. Jeder Mensch ist ein „Produkt", das einen Anspruch auf einen prominenten „Regalplatz" im Markt des Lebens erhebt.

Wie sieht es mit Ihrem Bekanntheitsgrad aus? Kennt man Sie in der Firma mit Namen? Sind Sie „der Meier" oder „die Müller" oder sind Sie „Herr Meier" und „Frau Müller"? Nennt man Ihren Namen mit Anerkennung und einem gewissen Respekt? Verbinden andere mit Ihrem Namen etwas Positives? Haben Sie sich einen Namen gemacht oder treten Sie nach dem Motto auf: „Ist der Ruf erst ruiniert, kannst du leben ungeniert?"

Praxis-Tipp:

- Nur ein hoher Bekanntheitsgrad, verbunden mit vielen positiven Assoziationen, ist die Basis für einen langfristigen Produkterfolg. Es ist deshalb wichtig, dass Sie in allen relevanten Abteilungen Ihrer Firma für Ihren Bekanntheitsgrad sorgen.

- Ihr Ziel sollte es sein, Ihren „guten Ruf" an die Zielgruppe, sprich Ihren Vorgesetzten, zu bringen. Versuchen Sie deshalb stets positiv aufzufallen.

Denken Sie z. B. an eine Tafel Schokolade: Innen muss die Rezeptur schon etwas ganz Besonderes sein, denn von Schokolade hat jeder Kunde eine bestimmte Vorstellung. Dennoch liegt der Reiz nicht nur in der neuen Rezeptur, sondern auch in der Aufmachung, im Format, in der Verpackung, der Werbeaussage, dem Produktversprechen und natürlich auch im Preis. Die neue Schokolade muss Ihre gesamten Sinne aktivieren, um überhaupt von Ihnen beachtet zu werden. Sie müssen Sie kennen (Werbung schafft einen Bekanntheitsgrad), Sie müssen sich für sie interessieren (Werbung weckt Bedürfnisse), Sie müssen sie begehrenswert finden (Werbung schafft Nachfrage) und Sie müssen sie dort vorfinden, wo Sie einkaufen (Werbung verkauft).

Was könnten Sie konkret tun, um für sich selbst Werbung zu machen? Folgende Schritte bieten sich an:

1. Zuerst sollten Sie feststellen, wo es in Ihrer Firma oder in Ihrem privaten Umfeld mit dem positiven Bekanntheitsgrad noch im Argen liegt. Nehmen Sie sich Zeit, um sich bekannt zu machen. Dabei spielen Fragen eine Rolle, wie: „Welches Bild von mir möchte ich anderen präsentieren?" „Wie möchte ich mich anderen vorstellen?" Sie können Folgendes erwägen:

   ■ Bessere Umgangsformen (z. B. betont freundlich, höflich, zuvorkommend, gesprächsfreudig, andere mit Namen ansprechen)

   ■ Verändern Sie Ihr Aussehen (alle 3 Jahre sollten Sie Ihren eigenen „Typ" wechseln, z. B. durch einen neuen Haarschnitt, neue Haarfarbe, Kleidung „updaten", elegante Schuhe (fallen immer auf!) usw.

   ■ Liefern Sie Gesprächsstoff und sorgen Sie für Gesprächsstoff. Bringen Sie geschickt Informationen über sich „in Umlauf" und kontrollieren Sie das Feedback. Es müssen ja nicht alle über Sie reden, aber einmal „Tagesgespräch" zu sein, schafft einen tollen Bekanntheitsgrad.

   ■ Suchen Sie sich ein ungewöhnliches Hobby und machen Sie sich dadurch interessant.

2. Wecken Sie die Bedürfnisse Ihrer Mitmenschen nach Ihrer Person und Ihren Qualitäten. Machen Sie beispielsweise Ihren Vorgesetzten, der Sie bisher noch nicht kannte, auf sich aufmerksam.

3. Steuern Sie die eigene Nachfrage durch „Werbehahn aufdrehen" und „Werbehahn zudrehen". Reagieren Sie auf die ge-

steigerte Nachfrage durch Kontinuität und Qualität. Denken Sie daran: „Wer Bedürfnisse weckt, weckt auch Erwartungshaltungen".

4. Investieren Sie in Ihre Werbung, sei es durch finanzielle Mittel, Mehrleistung, besonderes Engagement oder Verbesserung Ihrer Fähigkeiten und Ihres Wissens. Schaffen Sie sich Ihren persönlichen „Werbeetat".

5. Verpacken Sie sich attraktiv, denn eine auffallende Verpackung weckt die Begehrlichkeit und das Interesse der „Käufer" und löst einen Aha-Effekt aus. Die Verpackung liefert nicht nur Infos über den Inhalt, sondern ist auch Ihr „stummer Verkäufer".

6. Betreiben Sie Verkaufsförderung, d. h. die Förderung Ihrer Person und Ihrer Qualitäten. Nur durch Verkaufsförderung motivieren Sie Ihre Mitmenschen, Ihnen einen „Regalplatz in Augenhöhe" einzuräumen. Verkaufsförderung beinhaltet: Promotions, Events und Incentives.

Persönliche „Verkaufsförderung"

Ihre Verkaufsförderung im Job

- Sie starten ein (vorher genehmigtes) Fest zu einem bestimmten Thema (Event).

- Sie halten eine Rede dazu (Promotion).

- Nach diesem Event stehen auf Ihrem Arbeitsplatz kleine „give aways", die an dieses Fest erinnern (Incentives).

Ihre Verkaufsförderung im Privatleben

- Sie kreieren eine Geburtstagsfeier für Ihren Partner/Ihre Partnerin (Event).

- Sie gestalten Einladungsschreiben, machen Gedichte, sorgen für originelle Unterhaltung (Promotion).

---

noch: Persönliche „Verkaufsförderung"

- Jeder, der das Fest verlässt, erhält zum Abschied ein Polaroid-Foto, das Sie zum Beginn des Festes von Ihren Gästen aufgenommen haben (Incentives).

Andere Maßnahmen

- Besuch eines Trend-Fitness-Studios
- Neue Restaurants, die Sie ausprobieren
- Statussymbole in Form von kleinen Accessoires
- Ein sportiver und kommunikativer Lebensstil

Verkaufsförderung, d. h. Events, Promotions und Incentives, sind Bestandteile eines erfolgreichen Werbemixes. Um sich zu profilieren genügt es nicht, nur anwesend zu sein und gesehen zu werden oder ein namenloser Mitarbeiter einer Firma zu sein. Sollten Sie noch keine exakte Vorstellung von Ihrem Wunsch-Profil haben, so schauen Sie sich um. Ganz sicher werden Sie jemanden entdecken, von dem Sie sagen: „So möchte ich auch gerne sein!" Es ist in der klassischen Konsumgüterwerbung durchaus üblich, erst einmal zu kopieren. Gut kopiert und in Details optimiert, das spart Geld und hat manchen Firmen zum Durchbruch verholfen. Was beispielsweise bei Mode oder Konsumgütern funktioniert, funktioniert auch bei Ihnen.

Praxis-Tipp:

Bauen Sie Ihren Werbeplan quartalsmäßig für die Dauer eines Jahres auf. Wenn Sie nicht so viel Zeit haben, verkürzen Sie den Werbeplan auf 6 Monate. Von werblichen „Eintagsfliegen" ist abzuraten, auch von Schnellschüssen. Produzieren Sie nicht zu viele „Show-Elemente", wenn Sie ernst genommen werden möchten.

Anleitung für Ihren Werbeplan

1. Suchen Sie aus Zeitschriften je drei Anzeigenwerbungen bekannter Produkte heraus, die Sie
   a) kaufen würden
   b) nie kaufen würden

2. Analysieren Sie, was Ihnen an der Werbung gefällt bzw. missfällt. Dabei kann es durchaus sein, dass Sie zwar das Produkt mögen, Ihnen aber die Werbung nicht gefällt und Sie eine Abwehrhaltung einnehmen.

Sie werden erkennen: Es spielt eine entscheidende Rolle, *wie* Sie für sich werben!

3. Gehen Sie daher nicht unüberlegt vor, sondern konzipieren Sie Ihren Werbeauftritt. Beantworten Sie dazu die nachfolgenden Fragen:

   - Wie verbessere bzw. steigere ich meinen Bekanntheitsgrad?
   - Wie lade ich meinen Bekanntheitsgrad (Image) positiv auf?
   - Wie wecke ich bei meinen Mitmenschen, Kunden etc. Bedürfnisse?
   - Wie schaffe ich Nachfrage?
   - Welche Verkaufsförderung setze ich ein?
     a) Events
     b) Promotions
     c) Incentives

Notwendig:
Planen Sie Ihr Marketingbudget

Effektives Life-Marketing bedeutet, optimal mit Geld umzugehen und in das eigene Marketingumfeld zu investieren. Dazu benötigen Sie ein bestimmtes Marketingbudget, d. h. einen Plan der Ihnen zur Verfügung stehenden finanziellen Mittel. Sie müssen Vergleiche anstellen über Einnahmen, Ausgaben, Fixkosten, variable Kosten, Rücklagen, Lebenshaltungskosten, Steuern usw., um so Ihren finanziellen Spielraum zu ermitteln.

Wenn Sie gerne eine ähnliche Strategie wie Erich Lejeune durchführen möchten, aber nicht die dazu notwendigen finanziellen Mittel haben, können Sie jeden Gedanken an ein solches Vorhaben abhaken. Es macht einen erheblichen Unterschied, ob jemand 10.000, 100.000 oder womöglich sogar Millionen EURO für seine Marketing-Strategie einsetzen kann.

Im Marketingbudget geht es in erster Linie um Geld. Geld, das Sie haben oder nicht haben, Geld, das Sie beschaffen müssen oder einfach ausgeben können, Geld, das Sie für Ihre Ziele verwenden wollen. Geld besitzt nach wie vor den höchsten Stellenwert in unserer Leistungsgesellschaft.

Jeder Mensch hat einen bestimmten Marktwert. Auch Sie haben Ihren persönlichen Marktwert, der in unserer Wirtschaftsgesellschaft mit Geld gemessen wird. Ebenso investieren Sie Geld in sich und hoffen, dass Sie dafür mit Zins und Zinseszins belohnt werden.

Bereits Ihre Eltern haben viel Geld in Sie investiert: In Ihre Babyausstattung, Ihr Kinderzimmer, Ihre Kleidung, Spielsachen, in die Förderung Ihrer ersten Talente (Musik, Sport, Kunst etc.), in die Wahl der richtigen Schule, in Nachhilfeunterricht, in Ihre Hobbies, in Ihre Berufsausbildung, in Ihr Studium, in Ihre gesellschaftliche Entwicklung.

Nicht immer sind sich die Menschen darüber im Klaren, wie viel Kapital bereits in ihren Werdegang investiert wurde. Die Eltern investieren, weil es ihre Pflicht ist, die sie im Rahmen ihrer Familiengründung sowie ihrer sozialen Einbindung in die Gesellschaft übernommen haben. Der Staat investiert, damit Sie einmal als Teil dieser Gesellschaft „vollwertig" zur Erhaltung eines sozial stabilen Gefüges beitragen.

Sie sehen also, Ihr Wert ist gegeben, er steht nicht als numerische Zahl in Ihrem Pass oder wird Ihnen als Urkunde überreicht, aber man geht heute davon aus, dass ein Kind bis zur Selbständigkeit etwa DM 350.000 kostet.

Wie viel Geld haben Sie selbst in Ihren weiteren Werdegang bis heute investiert? Im Rahmen Ihres Life-Marketing erstellen Sie entsprechend Ihrem Marketing-Plan auch die Budgetplanung, d. h. den voraussichtlichen Kostenplan. Dieser beinhaltet folgende Faktoren bzw. Ermittlungen: Ihre Grundkosten bei der Fortführung Ihres derzeitigen Lebensstandards, die Plankosten Ihres künftigen Lebensstandards, sowie Ihre sämtlichen Investitionen beruflicher und privater Art.

Untermauern Sie Ihr Marketingbudget mit Details an Kosten für

- Werbekosten (Annoncen, Fahrtkosten etc.)

- Weiterbildungskosten (Kurse, Seminare etc.)

- Kosten für Ihren Lifestyle

- Kosten für Kontaktpflege (PR)

- Lebenshaltungskosten

- Vorsorge-Kosten (Lebensabsicherung)

- etc.

Stellen Sie nun das Ist-Budget (derzeitiges Budget) dem Plan-Budget (angestrebtes/notwendiges Budget) gegenüber. Bestimmen Sie dann die Faktoren, die Ihr Minimum- und Ihr Maximum-Budget beeinflussen (Gehaltserhöhung, neues Auto, Firmenwagen etc.).

Für die Bestimmung Ihres persönlichen Marketing-Plans verwenden Sie am besten die nachfolgende Skizze 7 „Mein Marketingbudget-Plan" und tragen in die entsprechenden Rubriken Ihre Daten ein:

Skizze 7 Name: .... Erstellt am: ....

Mein Marketingbudget-Plan

	Vorjahr		aktuelles Jahr				Planjahr I		Planjahr II	
	Ist (DM) gesamt	Ø pro Monat	Soll (DM) gesamt	Soll (DM) Ø p. Mt.	Ist (DM) gesamt	Ist (DM) Ø p. Mt.	Soll (DM)	Ø p. Mt.	Soll (DM)	Ø p. Mt.
Einkommen (netto)										
■ nichtselbständige Arbeit										
Prämien										
■ selbständige Arbeit										
sonst. Einnahmen (Mieten)										
sonst. Einnahmen (Steuerrückerstattung)										
sonst. Einnahmen										
gesamt DM:										
Ausgaben										
■ Wohnen										
Miete										
Nebenkosten										
Reparaturen										
Büro										
Sonstiges										
gesamt DM:										
■ Lebenshaltungskosten										
Essen										
Getränke										
Restaurant										
Genussmittel										
– Tabakwaren										
– Alkohol										
Haushalt										
Sonstiges										
gesamt DM:										

noch: Mein Marketingbudget-Plan

■ Transport
Auto-Leasing/Rate
Kfz-Steuer
Kfz-Versicherung
Benzin
Reparaturen/
Erhaltungsaufwand
Bus/Bahn/Taxi
Sonstiges
gesamt DM:

■ Gesundheit
Fitness-/Sport-Club
Medikamente
Kosmetik
Nahrungsergänzung
Urlaub
Sonstiges
gesamt DM:

■ Kommunikation
Rundfunk
TV
Telefon
Telefax
Handy
Internet
Schreibwaren
Bücher, Zeitungen, Abo
gesamt DM:

■ Werbungskosten
Kleidung
Friseur/Kosmetik
Weiterbildung
Kultur/Veranstaltungen
Kontakte/Ausgehen
Taschengeld
Hobbies
Sonstiges
gesamt DM:

noch: Mein Marketingbudget-Plan

■ **Vorsorge**
Krankenversicherung
priv. Unfallversicherung
Haftpflicht
Rechtschutz
priv. Altersvorsorge   A
      „   „   –   B
Sparvertrag
Sonstiges
                    gesamt DM:

■ **Kredite**
Kredit A: Zinsen
Tilgung
Kredit B: Zinsen
Tilgung
                    gesamt DM:

■ **Familien-Kosten**
Unterstützung Fam.-mitglied
Schulgeld A
Schulgeld B
                    gesamt DM:

■ **Haustiere**
Haftpflicht
Unterhalt
Arztkosten
                    gesamt DM:

■ **Anschaffungen/Investitionen**

                    gesamt DM:

■ **Sonstiges**
Spenden

                    gesamt DM:

TOTAL DM:

Können Sie mit Geld umgehen?

Oder gehören Sie zu den vielen Menschen, die mehr schlecht als recht mit Geld umgehen? Wer mit Geld umgehen kann, bekommt seine Marketing-Investitionen, d. h. seine Kosten, die er im Leben ausgeben will, besser „in den Griff".

Das Gefühl, immer zu wenig Geld zu haben, kommt eigentlich nur daher, dass Sie sich Ihrer Mittel nicht bewusst sind oder Ihre Kosten nicht kennen. Nur wenn das Budget Ihres Lebens eine feste Größe in Ihrem Bewusstsein einnimmt, funktioniert Ihr erfolgreiches Life-Marketing. Fragen Sie sich: „Was passiert, wenn ....? Kann ich mir das leisten? Sollte ich mir das leisten? Muss ich mir das leisten, muss ich das investieren, um den nächsten Schritt in meiner Life-Marketing-Planung zu erreichen?" Brechen Sie das Tabu, reden Sie über Geld. Überlegen Sie einmal, in welcher Form Ihnen Sparen Spaß machen würde und welcher Geldtyp Sie sind. Überdenken Sie die nachfolgenden Fragen, um mehr über Ihre persönliche Einstellung zu Geld zu erfahren:

- Regiert Geld die Welt?

- Wie gebe ich mein Geld aus?

- Kaufrausch – kann mir so etwas passieren?

- Habe ich immer einen Überblick über meine Finanzen?

- Würde ich für Geld alles tun?

- Wie sehr interessiert mich das Thema Geld?

- Wie informiere ich mich über das Thema Geld?

- Welche Finanzprodukte kenne ich, welche habe ich?

Alle Menschen haben eine ganz individuelle Einstellung zum Thema „Geld". Diese kann positiv oder negativ sein. Manch einer träumt vom großen Geld, hat aber in seinem inneren Programmspeicher ein Negativ-Programm wie: „Geld verdirbt die Menschen" oder „Geld macht nicht glücklich". Unbewusst sabotiert er deshalb die eigenen Bestrebungen nach Reichtum. Wer jedoch Geld nicht von Herzen willkommen heißt, wird niemals wirklich zu Geld kommen oder es wird ihm innerhalb kürzester Zeit wieder zwischen den Fingern zerrinnen.

Marketing-Controlling: Das haben Sie erreicht

Kennen Sie das Sprichwort „Vertrauen ist gut, Kontrolle ist besser"? Wenn Sie beispielsweise einen Maler beauftragen, Ihre Wohnung zu weißeln, dann haben Sie zwei Möglichkeiten: Sie können sich entweder auf ihn verlassen in der Hoffnung, dass er alles zu Ihrer Zufriedenheit erledigt, oder Sie kontrollieren ihn von Zeit zu Zeit, ob er seine Arbeit ordentlich durchführt. Wenn Sie dabei feststellen, dass er bestimmte Stellen an der Wand nicht richtig verputzt, Türen und Fenster verkleckert hat oder nur trödelt, können Sie ihn zurechtweisen. Wenn Sie ihn vollkommen selbständig werkeln lassen, kann es Ihnen passieren, dass Sie am Ende mit der von ihm geleisteten Arbeit nicht zufrieden sind. Hätten Sie ihn kontrolliert, wäre das nicht passiert.

So wie Sie andere kontrollieren, ob diese die von Ihnen in Auftrag gegebenen Arbeiten ordnungsgemäß durchführen, müssen Sie auch sich selbst kontrollieren. Sie werden vielleicht einwenden: „Was soll das? Ich habe alles fundiert geplant, habe mir eine hervorragende Strategie zurechtgelegt, warum soll ich mich jetzt noch kontrollieren – es kann doch gar nichts mehr schief gehen!"

In diesem Fall sollten Sie sich Folgendes vor Augen halten: Wenn Sie eine Familie gründen wollen, dann planen Sie, ein Kind zu bekommen, was in der Regel auch problemlos funktioniert. Wenn das Kind da ist, entwickeln Sie eine Strategie, wie Sie Ihr Kind großziehen wollen, in welche Richtung es sich entwickeln soll, welche Werte Sie Ihrem Kind vermitteln wollen usw. Aber wie viele Eltern stellen in diesem jahrelangen Entwicklungsprozess fest, dass alles oder zumindest so manches ganz anders kommt und ihre schöne Strategie nicht das bewirkt, was sie sich eigentlich vorgestellt haben.

Auditing

Es gibt nur eine Möglichkeit auf diesen Prozess Einfluss zu nehmen und nicht irgendwo mit Ihrer Erziehungslinie ins Leere zu laufen: Kontrolle. Sie müssen sich bzw. Ihre Erziehungsstrategie immer wieder darauf hin kontrollieren, ob sie noch mit der aktuellen Entwicklung und Situation harmoniert. Wenn Sie Abweichungen feststellen und erkennen, dass Ihre Strategie nicht mehr funktioniert, müssen Sie sie den aktuellen Gegebenheiten anpassen.

Halten Sie sich stets vor Augen, dass Sie Ihr eigener Marketing-Manager sind. Sie ziehen die Drähte, sitzen am Hebel und sind nur dann erfolgreich, wenn Sie kontrollieren. Ihr Marketing-Controlling liefert Ihnen die Informationen darüber, inwieweit Sie mit Ihren Strategien Ihre Ziele erreichen und wo Sie ggf. Änderungen vornehmen müssen. Wenn Sie beispielsweise bei Ihrer Kontrolle Abweichungen bemerken, müssen Sie die Ursachen feststellen. In der Marketingfachsprache nennt man diese selbstkritische Prüfung „Auditing".

Die Kontrolle der Marketingaktivitäten ist eine grundlegende Aufgabe für Sie. Nur Ihre eigene Kontrolle liefert Ihnen die Informationen darüber, inwieweit mit den verfolgten Strategien und Maßnahmen die Marketingziele erreicht werden. Damit ist Ihr Controlling auch gleichzeitig der Ausgangspunkt für etwaige notwendige Veränderungen (z. B. Veränderung Ihres Marketingzieles, Ihrer Strategie, Ihrer Maßnahmen, Ihrer Zeitplanung, Ihres Budgets etc.). Ihrem Marketing-Controlling obliegt die Aufgabe einer qualitativen Informationsversorgung, damit Sie als Ihr eigener Marketingmanager neue Entscheidungen mit qualitativer Wissensabsicherung treffen können.

Die Kontinuität und die Systematik Ihrer Kontrolle bieten eine wichtige Informationsgrundlage für Ihre Life-Marketing-Ziele. Prüfen Sie, ob Sie auch jeweils alle erhaltenen Informationen richtig verwertet haben. Denn bereits vor der Kontrolle setzt die Prüfung des Auditing an und ermöglicht Ihnen in allen Bereichen eine Selbstanalyse.

Betreiben Sie also regelmäßig Umfeld-Auditing, Strategie-Auditing, Organisations-Auditing, Planungs-Auditing und Wirtschaftlichkeits-Auditing, d. h. prüfen Sie, was Sie getan haben und welchen Erfolg Sie mit Ihren Handlungen erzielt haben. Sie können dann die so ermittelten Erkenntnisse in Ihrem Marketing-Plan festhalten. Mit kontinuierlichem Controlling Ihrer Life-Marketing-Strategie bleiben Sie immer „am Ball" und können Ihren potenziellen Erfolg sichern.

Hat sich der Einsatz gelohnt?

Wenn Sie ein Ziel erreicht haben, empfiehlt es sich ebenfalls, ein Marketing-Controlling zu machen. Finden Sie dann heraus, welche Faktoren Ihrer Strategie zum Erfolg geführt haben. Was war gut, was war weniger gut? Wo lagen die Gefahren, Risiken? Was war letztendlich ausschlaggebend für den Erfolg? Was müssen Sie in Zukunft anders, besser machen?

Wenn Sie beruflich Karriere machen wollen und Ihr Etappenziel erreicht haben, können Sie sich beispielsweise folgende Fragen stellen: War der Einsatz „Mehr Arbeitszeit investieren, um sich gegenüber Kollegen zu profilieren" nützlich? Wurde mein Engagement anerkannt? Fand die Auswertung, die ich am Wochenende erstellte und noch vor Termin an meinen Vorgesetzten weiterleiten konnte, positive Resonanz und hatte dieser die Zeit, meinen Einsatz auch entsprechend zu loben?

Vieles geht oft im Alltagsstress verloren. Man möchte zwar mit dem Vorgesetzten sprechen und er auch mit Ihnen – aber es klappt einfach nie. Dann wiederum gerät dieses und jenes in Vergessenheit. Seien Sie achtsam! Kennen Sie keine Nachsicht, wenn es um Ihren Erfolg geht. Bleiben Sie am Ball, es ist Ihr Spiel, das gespielt wird, und Sie möchten gewinnen. Also führen Sie Regie durch Strategie und Kontrolle Ihrer Maßnahmen. Vergleichen Sie Ihre Tätigkeit mit einem Fußballspiel. Nach jedem Match – auch dem gewonnenen – gibt es dazu eine Analyse und Auswertung des Spiels, werden Stärken und Schwächen sowie Fehler der Spieler ermittelt, für das nächste Spiel Gegenmaßnahmen besprochen usw.

Effizienz prüfen

Wenn Sie schon dabei sind, Ergebnisse kritisch zu prüfen, ist es zweckmäßig, auch deren Effizienz zu prüfen im Zusammenhang mit dem etwaig dafür eingesetzten Budget: Sie haben z. B. einen Spanisch-Kurs absolviert, können Ihre neu gewonnenen Sprachkenntnisse aber überhaupt nicht beruflich nutzen. Sie können sich zwar damit im privaten Bereich oder bei den Kollegen interessant machen, jedoch wäre das so Erreichte ohne jeglichen Vorteil für Ihre berufliche Zukunft – und diese streben Sie an. Damit Ihre Investition nicht „verpufft", müssen Sie alle Möglichkeiten überprüfen, wie Sie Ihre Spanischkenntnisse in Ihre Karriereplanung einbauen können. Oder Sie erwägen einen beruflichen Wechsel in eine Firma, in der Sie Ihre Sprachkenntnisse anwenden können. Nur so kann ein kleines Pflänzchen, das Sie gepflanzt haben, zu einem Baum heranwachsen, der später einmal Früchte tragen wird. Machen Sie nichts „ohne Sinn", sondern handeln Sie sinnvoll.

Wichtig: Praktizieren Sie ein kontinuierliches Controlling in Ihrem Leben, passen Sie Ihre Strategie den aktuellen Entwicklungen und Gegebenheiten an, dann sind Sie der Regisseur in Ihrem erfolgreichen „Lebensfilm".

Werden Sie Ihr eigener Marketingmanager

Wissen ist Macht. Kontrolle ermöglicht Macht. Ihr Controlling verschafft Ihnen Macht und Wissen über den Verlauf Ihres Lebens im Sinne einer bewussten Lebensplanung. Das Controlling liefert Ihnen das Feedback, das Sie benötigen, um die positiven und negativen Tendenzen Ihrer Handlungen zu erkennen.

Praxis-Tipp:

Mit Feedback erfahren Sie mehr über sich selbst, über Ihre eigenen Stärken und Schwächen.

Leider ist die Methode des „Feedback" in unserer Gesellschaft noch wenig vertreten, vielmehr wird noch häufig mit destruktiver Kritik „gearbeitet". Sollten auch Sie dazu gehören, haben Sie es in der Hand, fortan anders mit Ihren Mitmenschen umzugehen, diese besser zu fördern, indem Sie die Technik des Feedback anwenden. Fordern Sie durchaus auch einmal von Ihren Mitmenschen Feedback, um die Kontrolle von außen zu erhalten, die Ihnen wie ein Spiegel die positiven und negativen Aspekte Ihrer Marketingstrategie zeigt.

Erfolgreiche
Life-Marketingstrategien

3

Erfolgsentscheidend: Die richtige Strategie

In Kapitel 2 haben Sie bereits erfahren, wie wichtig die richtige Marketing-Strategie für die erfolgreiche Realisierung Ihres angepeilten Ziels ist. Sie haben auch bereits einige Strategien kennen gelernt, z. B. die von Erich Lejeune. Sicherlich sind Sie nun, wie ich, der Meinung, dass ausgeklügelte Marketing-Strategien eine zentrale Stellung im Life-Marketing eines Menschen haben. Was nützt beispielsweise der schönste Entwurf eines Marketing-Plans, wenn die notwendigen Strategien fehlen, ihn umzusetzen. Das ist genau so, als ob Sie sich ein Auto kaufen würden und dann, in Ermangelung eines Führerscheins und entsprechender Fahrkenntnisse, nicht damit fahren können.

Vielleicht haben Sie sich auch schon während des Lesens über den Punkt „Marketing-Strategie" gedacht, „es wäre gut, wenn ich hier mehr darüber erfahren könnte, wie ich meine persönliche Strategie entwickeln muss, um mein Ziel X zu erreichen". Vielleicht haben Sie sogar darauf gewartet, dass ich Ihnen verschiedene Strategien sozusagen „auf den Teller" lege, aus denen Sie nur die für Sie passenden herauszupicken hätten.

Mit den nun folgenden 14 Marketing-Strategien gebe ich Ihnen das notwendige Know-how in die Hand, damit Sie sich erfolgreich vermarkten können. Sie können diese Strategien für alle Bereiche Ihres Lebens anwenden, ganz egal, ob es sich um den beruflichen, geschäftlichen, privaten oder gesellschaftlichen Bereich handelt. Es sind Basis-Informationen und Grundregeln, die Sie an Ihre Bedürfnisse und Ihre persönliche Situation nur noch anzupassen brauchen.

Es gibt Strategien, die jeweils situationsbezogen und individuell angewendet werden müssen, manche laufen auch parallel oder gehen nahtlos ineinander über. Welche Strategie Sie nun als erste für sich wählen, ist Ihre Management-Entscheidung und Teil Ihres kurzfristigen Life-Marketing-Planes. Für den Anfang jedoch empfehle ich Ihnen, eine Strategie nach der anderen zu lesen und den jeweiligen Inhalt in Ihren „Programmspeicher" aufzunehmen. Am Ende können Sie dann individuell Ihr Marketing-Programm zusammenstellen.

Bestimmen Sie Ihren Marktwert

Ähnlich wie Produkte oder Dienstleistungen haben auch Menschen ihren individuellen Preis. Es geht um den effektiven oder potenziellen Wert, dem sog. „Marktwert", der für ein individuelles Angebot – meistens die Arbeitsleistung – derzeit oder zukünftig zu erreichen ist.

Die Fragen, die Sie sich stellen müssen, lauten daher: „Was biete ich? Was leiste ich? Was genau ist daran besonders gut? Differenzieren Sie hier zwischen Ihrem Berufsbereich und dem Privatbereich. Was bieten bzw. leisten Sie in Ihrem Beruf? Was von dem, das Sie leisten, ist gut, herausragend, außergewöhnlich? Was bieten bzw. leisten Sie in Ihrer Familie, in Haus und Garten, im sozialen Bereich, im gesellschaftlichen Gefüge etc.?

Es gibt eine ganze Reihe von Menschen, die gerne wesentlich mehr verdienen will als dies in ihrer jetzigen Situation der Fall ist. Viele vergessen dabei aber schlichtweg eins: Verdienen sie es auch tatsächlich, ein höheres Einkommen zu haben? Ist die Leistung, die sie erbringen, nicht eher so durchschnittlich, dass sie genau genommen das Einkommen haben, das ihrer Leistung entspricht?

Andere wieder wünschen sich in ihrer Familie mehr Anerkennung für die von ihnen geleistete Arbeit (Haushalt, Einkäufe, Wäsche, Familientreffen usw.). Auch hier stellt sich die Frage: Verdienen sie es wirklich, mehr Anerkennung zu bekommen? Oder ist das, was sie leisten, so durchschnittlich, dass die Anerkennung der Familie einfach nicht höher ausfallen kann.

Die Preise für Produkte oder Dienstleistungen bzw. auch Menschen bestimmt der „Markt", genauer, die aktuelle Nachfrage des Marktes nach diesen Produkten bzw. Dienstleistungen.

Wenn Sie beispielsweise Rechtsanwalt werden wollen, dann haben Sie es im Augenblick mit einer äußerst schlechten Marktsituation zu tun. In Deutschland gibt es derzeit bereits 80.000 Anwälte – viel zu viele. Jedes Jahr kommen weitere 6.000 bis 8.000 hinzu, aber nur etwa 2.000 kommen im juristischen Bereich unter, die anderen müssen sehen, wo sie bleiben. Schon jetzt herrscht ein starker Konkurrenzkampf unter den Anwälten und immer mehr halten sich mit Aushilfsjobs über Wasser. In manchen großen Anwaltskanzleien verdienen junge, angestellte Anwälte weniger als die dort beschäftigten Putzfrauen. Bei diesem Überangebot an jungen Anwälten ist es kein Wunder, dass der Preis bzw. das Einkommensniveau „in den Keller" gerutscht ist.

Praxis-Tipp:

Wenn Sie also ein guter Marketing-Manager für sich und Ihre Familie sein wollen, dann ist es sehr wichtig, dass Sie ständig den Markt und dessen Tendenzen beobachten und danach Ihr Handeln ausrichten.

Es gibt eine Anzahl von Produkten, Dienstleistungen und Berufsgruppen, die, obwohl nicht notwendigerweise identisch, weitgehend gleichwertig oder austauschbar ist. Typische Produkte auf dem Konsumgütermarkt werden in der Presse u. a. in Werbeanzeigen öffentlich gehandelt. Der Preis für Aldi-Kaffee ist ein anderer als der für Tengelmann- bzw. Dallmayr-Kaffee. Der Preis folgt dem üblichen Prinzip von Angebot und Nachfrage. Wenn das Angebot die Nachfrage übersteigt, fallen die Preise und umgekehrt.

Jeder ist seinen Preis wert

Auch Arbeitnehmer, z. B. VerkäuferInnen, SekretärInnen, KundendienstberaterInnen usw., sind nicht leistungsidentisch, aber oftmals weitgehend gleichwertig und somit austauschbar. Wenn sich beispielsweise auf eine Stellenanzeige 50 BewerberInnen melden – das Angebot also sehr groß ist –, wird der Geschäftsinhaber oder Personalchef sich diejenige Person heraussuchen, die sowohl gute Referenzen wie auch niedrige Gehaltsvorstellungen hat.

Häufig suchen Käufer (auch Firmen, die nach Personal suchen, sind „Käufer") nach den preisgünstigsten Angeboten. Dienstleistungsangebote wie z. B. bei Reiseveranstaltern oder Kaufhäusern, haben sich wahrlich auf Preisschlachten eingelassen und Marketingaktionen angeboten, aus denen sich der Last-minute-Buchungsmarkt entwickelte. Auch Happy-Hour-Offerten entwuchsen dem Preiskampf, Sommer- und Winter-Schlussverkäufe, Räumungsverkäufe etc. Das %-Zeichen ist zur Verkaufsstrategie avanciert – wird jedoch seitens des Gesetzgebers auch kontrolliert. Mit anderen Worten: In vielen Situationen ist der Preis der wichtigste Faktor bei der Kaufentscheidung. Er steht ganz oben auf der Liste im Marketing-Mix.

In der Welt, in der Waren und Dienstleistungen gehandelt werden, ist diese Art der Preisgestaltung in Ordnung, sie hat einen berechtigten Platz in der Geschäftswelt, aber sie folgt nicht den normalen Regeln des Marketing. Die Preisbildung auf solchen „Warenmärkten" steht im krassen Gegensatz zur Marketingphilosophie, die den Preis in Bezug zum Wert setzt. Die Aufgabe des Marketing ist es daher u. a., im Denken des Käufers den Preis auf der Liste der Prioritäten nach unten zu lenken. Indem die Nutzungsmöglichkeiten eines Produkts an die Spitze der Liste gestellt werden, wird zugleich versucht, die Bedeutung des Preises zu reduzieren.

Die Hauptaufgabe eines Marketing-Managers besteht darin, fortlaufend Schritte zu unternehmen, um zu verhindern, dass das

Produkt in eine Warenmarktsituation gerät. Auch Sie müssen darauf achten, dass Sie nicht in eine Warenmarktsituation geraten. Ich kenne Beispiele auf dem Arbeitsmarkt, in dem heute Bewerber, nur um eine begehrte Stelle zu erhalten, Ihre Gehaltsvorstellung erheblich herunterschrauben. Das betrifft besonders Berufsein- und -umsteiger.

Der Marketingmanager muss alles dafür tun, um sein Produkt aus dieser Produktwelt herauszuheben, indem er neue und interessante Nutzungsmöglichkeiten und ein stärkeres Qualitätsbewusstsein in die Denkweise seiner Kunden einführt.

Wie bereits angedeutet, ist die Bestimmung des Preises, den der Markt bereit ist, für ein bestimmtes Produkt bzw. eine Dienstleistung zu zahlen, nicht immer leicht. Auch für Sie gibt es keinen festen Marktpreis. Sie können und sollten Schritte unternehmen, um den Preisbereich herauszufinden, den z. B. ein neuer Arbeitgeber für Sie zu zahlen bereit ist.

Grundsätzlich werden wir für den Wert bezahlt, den wir in den Markt einbringen. Folgende vier Werte gibt es:

- Produkte
- Wissen
- Dienstleistung
- Ideen

Mit welchem dieser Werte können Sie Geld verdienen? Wie können Sie Ihr Wissen vermarkten? Wie können Sie Ideen zu Geld machen? Welche Produkte können Sie verkaufen?

Praxis-Tipp:

Halten Sie sich vor Augen: Einkommen ist all das Geld, das in Ihr Leben hereinkommt.

Erfolgreiche Life-Marketingstrategien

Gehören Sie zu den Menschen, die manchmal oder sogar öfter eine Leistung erbringen, ohne dafür Geld zu verlangen? Bitte bedenken Sie: Geld zu verlangen ist in der Regel eine Frage des Selbstwertgefühls. Menschen, die für das, was Sie tun und leisten, kein oder nur ein sehr geringes Entgelt verlangen, haben oft ein vermindertes Selbstwertgefühl.

Immer jedoch, wenn Sie etwas leisten, einen Wert bringen, ist es natürlich und völlig berechtigt, dafür Geld zu erhalten. Ob Sie Ihre Leistung für wertvoll halten, richtet sich danach, wie hoch Sie sich einschätzen. Wenn ein Wert, der von Fachleuten teuer berechnet wird, bei Ihnen gratis zu haben ist, dann ist der einzige Grund oft mangelndes Selbstbewusstsein. Der Fachmann bzw. die Fachfrau ist sich seines/ihres Wertes bewusst – Sie nicht.

Wichtig: Ihr Marktwert bestimmt die Qualität Ihres Lebens, es ist daher Ihre Pflicht, Geld zu verdienen und Geld zu verlangen – es sei denn, Ihre finanzielle Freiheit erlaubt Ihnen Ausnahmen. Sie sehen, Ihr Marktwert ist nicht nur abhängig von Ihren Fähigkeiten, er ist auch eine Frage Ihrer persönlichen Einstellung.

Wie Sie Ihren Marktwert bestimmen

Wenn ein Sportler seine Leistung verbessern will, so zerlegt er seine Leistung in einzelne Bausteine: Kondition, Schnellkraft, Sprungstärke, Muskelmasse, Flexibilität, Stil, Technik, Schnelligkeit. Anschließend wird jeder Bereich gesondert analysiert und danach ein Trainingsprogramm erstellt. Dasselbe sollten Sie mit Ihrem Einkommen machen. Zuerst die „Diagnose" und dann das „Rezept".

Übung: Marktwert bestimmen

Lesen Sie nun die einzelnen Abschnitte und geben Sie sich selbst eine Note zwischen „1 = schlecht" und „10 = herausragend".

Qualität

Wie gut sind Sie in Ihrem Bereich? Haben Sie sich als „Fachmann/ -frau" positioniert? Kennen Sie Ihr Fach? Haben Sie gute Mentoren und Zugang zu Experten, die Ihr Wissen und somit auch Ihre Qualität steigern? Bilden Sie sich auch neben Ihrem Spezialgebiet weiter? Wächst die Qualität Ihrer Persönlichkeit mit Ihrer Qualität als „Fach-Experte"? Kennen Sie die Gesetze des Erfolgs und wenden Sie sie an? Besitzen Sie Führungsqualitäten? Wie gut sind Sie, gemessen an den Hervorragenden in Ihrer Branche?

Meine Bewertung: _____ Punkte (max. 10 Punkte)

Energie

Wie viel Energie sind Sie bereit in Ihr berufliches Fortkommen zu investieren? Wie viel Energie bringen Sie tatsächlich ein? Wie groß ist Ihre Energie grundsätzlich? Können Sie Ihre Energie bündeln, sich also voll konzentrieren? Wie groß ist Ihre Leidenschaft und Begeisterung für das, was Sie tun? Lieben Sie Ihren Beruf? Nehmen Sie sich trotzdem Zeit für Gesundheit, Sport, Familie und konstantes Lernen und Wachsen, weil Sie so auf längere Sicht mehr Energie haben?

Meine Bewertung: _____ Punkte (max. 10 Punkte)

Image

Ist Ihnen bewusst, das dies der wichtigste Baustein Ihres Marktwertes ist? Ihr Image arbeitet für Sie wie ein Multiplikator. Es lässt sich von einem Bereich auf einen anderen transferieren. Markenartikler machen das vor: Das Image eines Modedesigners lässt sich sowohl auf Mode als auch auf Parfums übertragen oder sogar Brillen (Christian Dior, Chanel, Joop, Sander, Armani u. a.), das Image von Sportlern auf Haarwaschmittel (L'loreal), Körperpflegeserien, Versicherungen etc. Ihr Image ist also der Türöffner für weitere Optionen Ihrer Karriere. Sie verdienen Ihr jetziges Geld, weil Sie gut sind. Ihr zukünftiges Geld verdienen Sie jedoch, weil man Ihnen mehr zutraut und Ihr Ruf (Ihr gutes Image) für Sie spricht. Sie erhalten durch Ihr Image schon „Vorschusslorbeeren". Gutes Wissen, Können, gutes Personal gibt es heute in Massen – wer weiß da schon von Ihnen? Kommunizieren Sie im Internet!

1. In der Firma:

   Meine Bewertung: _____ Punkte (max. 10 Punkte)

2. In Ihrem potenziellen Arbeitsmarkt:

   Meine Bewertung: _____ Punkte (max. 10 Punkte)

Selbstwert

Ist Ihnen bewusst, dass Wahrnehmung Realität ist? Dass das, was andere von Ihnen wahrnehmen, für diese bereits Glauben und Wissen bedeutet? Wie gut können Sie sich verkaufen? Wie sicher treten Sie auf? Wie hoch ist Ihr Selbstwertgefühl? Sind Sie sich bewusst, dass Sie herausragend und außergewöhnlich gut sind? Können Sie sich präsentieren? Sehen andere in Ihnen den Experten oder die Expertin? Wollen Ihnen gute Menschen kostenlos einen Gefallen tun, weil Sie einfach gut sind? Denken andere, dass es gewinnbringend ist, Sie zu kennen? Können Sie sich positionieren? Sind Ihre „Verkaufsunterlagen" (Ihre Bewerbungsunterlagen) top?

Meine Bewertung: _____ Punkte (max. 10 Punkte)

Ideen

Die Zukunft wird aus Ideen gemacht! Sind Sie kreativ? Sind Sie aufgeschlossen für Neues? Verfolgen Sie beharrlich Ihre Ziele, sind aber gleichzeitig auch bereit, neue Wege zu diesem Ziel auszuprobieren? Sind Sie flexibel? Schreiben Sie Ideen sofort auf?

Trauen Sie Ihren Ideen und setzen Sie sie um? Wie weit ist Ihre persönliche Ideenfabrik entwickelt? Verwerten Sie wichtige Informationen und fragen Sie sich ständig: „Wie trifft das auf mich zu?" und: „Wie kann ich sofort handeln?" Verstehen Sie, dass es jede Information und jede Lösung, die Sie brauchen, irgendwo gibt und dass Sie immer neue Ideen entwickeln müssen, um diese zu bekommen? Wie stark motivieren Sie sich selbst, Ideen zuzulassen?

Meine Bewertung: _____ Punkte (max. 10 Punkte)

Auswertung

Um Ihre Gesamtpunktzahl zu errechnen, müssen Sie nur die erreichten Punktezahlen miteinander multiplizieren. Möglich sind maximal 10 Millionen Punkte (= 10 x 10 x 10 x 10 x 10 x 10).

Hier ein Rechenbeispiel: Sie haben bei Qualität 5 Punkte, bei Energie 8 Punkte, bei Image (eigene Firma) 4 Punkte und bei Image (potenzieller Arbeitsmarkt) 1 Punkt, bei Selbstwert 6 Punkte und ebenfalls 6 Punkte bei Ideen. Das ergibt folglich 5760 Punkte (= DM Marktwert).

Würden Sie beispielsweise Ihr Image auf dem potenziellen Arbeitsmarkt um 5 Punkte steigern, hätten Sie 28800 Punkte (= DM Marktwert).

Vermutlich haben Sie jetzt für sich klare Wachstumsbereiche erkannt, mit denen Sie Ihren Marktwert steigern können. Sie werden sich nun fragen: „Wie kann ich die einzelnen Bausteine meines Marktwertes verbessern?" Folgende Aktivitäten sollten Sie für die einzelnen Bereiche durchführen:

Qualität

Lesen Sie Fachbücher und Fachzeitschriften. Besuchen Sie andere Länder. Wenn Sie schon eine Sprache sprechen, empfiehlt es sich, eine zweite bzw. eine dritte zu lernen. Bedenken Sie jedoch: Das hier angesprochene Lernen und Verbessern Ihrer Qualität geht über Ihren Fachbereich hinaus. Es geht darum, als ganzer Mensch zu wachsen und zu der Persönlichkeit zu werden, die Erfolg magisch anzieht.

Den größten Einfluss auf unsere Qualität sowohl beruflich-fachlich als auch auf die Qualität unserer Persönlichkeit hat unsere unmittelbare Umgebung. Umgeben Sie sich deshalb mit „besseren Leuten", damit auch Sie „besser" werden. Umgeben Sie sich nicht mit demotivierten Menschen, sonst stagnieren Sie! Als Kind lernen wir am besten durch Abschauen und Nachahmen, bewusst oder unbewusst. Bemühen Sie sich deshalb, mindestens einmal im Monat eine neue, interessante und auf einem Gebiet erfolgreichere Person als Sie es sind, kennen zu lernen. Benutzen Sie das Internet und gehen Sie online!

Energie

Durch eine unvernünftige, selbstzerstörerische Lebensweise blockieren wir oft unsere Energie. Sie können nicht morgens aufwachen und die Welt erobern wollen, wenn Sie vor lauter Krankheit nicht einmal aus dem Bett kommen. Wenn Sie gesund leben, werden Sie feststellen: Je mehr Energie Sie verbrauchen, desto mehr Energie haben Sie. Energie ist Leben und Energie ist kein Zufall.

Wenn Sie Ihren Marktwert verbessern wollen, dann denken Sie einmal darüber nach, wie Sie sich energiereicher fühlen können. Was konkret können Sie jetzt sofort tun, um mehr Energie zu erhalten? Wie können Sie sich selbst motivieren? Was motiviert Sie, was „turnt" Sie an, z. B. Musik, Sonne, Komplimente, Sex, Vitamine etc.? Finden Sie heraus, was Ihnen in bestimmten Situationen besonders gefällt und ziehen Sie bei Bedarf Ihre „Motivations-Register".

Image

Sie müssen alles dafür tun, dass Menschen Ihr Produkt (= Arbeitskompetenz) oder Ihren Namen kennen. Engagieren Sie sich innerhalb Ihrer Firma, machen Sie Verbesserungsvorschläge, organisieren Sie Arbeitsgruppen, schreiben Sie Kolumnen in Fachzeitschriften.

Organisieren Sie Events in Ihrem Club oder zu Hause. Laden Sie interessante Leute ein und bringen Sie als Mittler interessante Leute unter Ihrer Regie zusammen.

Gehen Sie mal an die „Front". In jeder Firma gibt es diese. Sie besteht aus dem Markt, auf dem Ihre Firma tätig ist. Verfolgen Sie den Markt und vor allem, was die Konkurrenz macht. So können Sie Kompetenz und „Insiderwissen" demonstrieren. Überraschen Sie Ihre Vorgesetzten mit Infos.

Egal, was Sie tun und wie viel Zeit Sie bisher wie eine Public-Relation-Agentur für sich verwendet haben, es war nicht genug. Sie sollten viel mehr Zeit fürs Vermarkten Ihrer Leistung und Ihrer Person aufwenden und alles dafür tun, um auf sich aufmerksam zu machen.

Praxis-Tipp:

Vergessen Sie nicht, gute Fachleute und gute Informationen gibt es heute in Hülle und Fülle. Gut zu sein reicht nicht. Andere müssen davon erfahren.

Selbstwert

In der Regel können sich Menschen nur 100 Prozent mehr Einkommen vorstellen, d. h. doppelt so viel, wie sie jetzt haben. Mehr halten die meisten für unglaubwürdig und entwickeln daher ein unsicheres Gefühl. Dabei ist dies ausschließlich eine Frage des Selbstwertgefühls. Wenn Sie es schaffen, Ihr Selbstwertgefühl zu steigern, steigern Sie damit auch Ihr Einkommen und Ihren Marktwert. Zum Selbstwert gehören auch die Fähigkeit und das Geschick, sich gut zu verkaufen. Wenn Sie keine Verkaufserfahrung besitzen, müssen Sie sich diese erwerben und immer wieder im kleinen Bereich versuchen, etwas zu verkaufen. Vielleicht entdecken Sie eine Leidenschaft.

Ideen

Die besten Ideen kommen beim Autofahren, Spazierengehen, Sport oder im Halbschlaf. Sie brauchen dann einen Zettel oder ein Diktiergerät, um die Ideen festzuhalten – sonst gehen sie verloren, oft für immer.

Legen Sie sich ein Ideenbuch an und sammeln Sie darin alle Ihre Ideen. Die meisten davon werden Sie nie verwirklichen, aber es tut gut, seine Kreativität auf Hochtouren laufen zu lassen und sich geistig produktiv ausleben zu können.

Gründen Sie eine eigene Firma „Ideenfabrik" und lasten Sie diese voll aus. Sie können auch die Ideen anderer darin festhalten. Jede Firma, jeder große Erfolg hat immer mit einer Idee begonnen. Wenn Ihre Ideen gut sind, reflektieren Sie auch auf Menschen mit guten Ideen. Es entsteht ein konstruktiver Austausch und von irgendwoher wird Geld in Ihr Leben fließen.

Praxis-Tipp:

Ihr Marktwert wird nicht durch die Willkür Ihres Chefs oder des Arbeitsmarktes bestimmt. Die Festlegung und Steigerung des Marktwertes setzt voraus, dass Sie herausfinden, an welcher Stelle der Formel Ihre größte Schwachstelle liegt. Arbeiten Sie daran und suchen Sie nach Lösungen. Halten Sie sich stets vor Augen, dass Ihr stärkster Faktor mit Hebelwirkung Ihr Image ist.

Die Mischung machts: Individueller Marketing-Mix

Es gibt viele Menschen, die Erfolg für eine Laune des Schicksals halten, für etwas, das bestimmten Menschen mehr oder weniger „geschenkt" wird. Das ist jedoch äußerst selten der Fall. Erfolg beruht vielmehr auf verschiedenen Faktoren, die wir auch „Erfolgsfaktoren" nennen. Erfolgreiches Life-Marketing wird von fünf Erfolgsfaktoren bzw. Säulen getragen, die im Zusammenwirken Erfolg im Leben eines Menschen erzeugen.

1. Säule: Ehrgeiz (Wille, Durchsetzungsvermögen, Disziplin)

2. Säule: Persönlichkeit (Charakter, Stärken, Talente)

3. Säule: Können (Ausbildung, Qualifikation, Wissensdrang)

4. Säule: Gesundheit (Belastbarkeit, Konstitution)

5. Säule: Kreativität (Neugier, Spieltrieb, Originalität)

Je nachdem, welche Veränderung oder Verbesserung einer bestimmten Lebenssituation Sie anstreben, mischen Sie nun die fünf Säulen bzw. die notwendigen Erfolgsfaktoren miteinander. Sie erhalten so Ihr persönliches „Marketing-Mix".

Beispiel:

Sie fassen den Entschluss, einen neuen Lebenspartner zu suchen. In diesem Fall wählen Sie nun aus den fünf Säulen die Faktoren aus, die Sie erfolgreich ans Ziel bringen, z. B. aus der 1. Säule „Ehrgeiz", Ihren Willen; aus der 2. Säule „Persönlichkeit" Ihre persönlichen Stärken; aus der 5. Säule „Kreativität" Ihre Neugier. Nachdem Sie auf diese Weise Ihren persönlichen „Marketing-Mix" (= Wille, persönliche Stärken, kreative Neugier) erhalten haben, setzen Sie diesen gezielt für Ihr Vorhaben ein. Die im Marketing-Mix enthaltenen Erfolgsfaktoren ermöglichen es Ihnen, Ihr Ziel zu realisieren.

Erfolgreiche Life-Marketingstrategien

Da die Erfolgsfaktoren einen so wesentlichen Anteil an Ihrem Erfolg haben, will ich nachfolgend näher darauf eingehen:

Ehrgeiz

„Die beste Möglichkeit, sich auf Ihre Zukunft vorzubereiten, ist, sie zu gestalten!"

Erscheint Ihnen diese Aussage gewöhnungsbedürftig oder gar unglaubwürdig? Dann ergeht es Ihnen wie den meisten Menschen, die sich nicht bewusst darüber sind, welche Möglichkeiten sie in den nächsten 5 bis 10 Jahren haben werden. Das Bewusstsein, die Zukunft gestalten zu können, beginnt mit der Vergangenheit. Es erwächst aus dem Wissen, in der Vergangenheit vieles verändert zu haben. Oft sehen wir nämlich die kleinen graduellen Veränderungen nicht, die wir durchlaufen. Es ist uns einfach nicht bewusst, dass wir uns ständig verändern, und sei es nur in Millimeterschritten.

Damit Ihnen diese Tatsache noch deutlicher wird, empfehle ich Ihnen die nachfolgende Selbst-Reflexion:

Gehen Sie 10 Jahre in Ihrem Leben zurück und überlegen Sie, wo Sie damals standen.

- Wie sah Ihr Leben damals aus? Privat, beruflich, gesellschaftlich?
- Wie waren Sie damals? Welche Eigenschaften hatten Sie, wo lagen Ihre Stärken und Schwächen? Welches berufliche Know-how hatten Sie?
- Wie waren Sie als Partner/in, Mutter/Vater?
- Welche Träume, Wünsche und Visionen hatten Sie damals?
- Welche davon haben sich realisiert, welche nicht?
- Wie waren Sie im Umgang mit Menschen?
- Wo standen Sie damals finanziell?

All die Veränderungen, die seit 10 Jahren in Ihrem Leben geschehen sind, basieren auf einer Kraft, die Sie dazu angetrieben hat, sich zu entwickeln, sich etwas zu schaffen, z. B. ein neues Auto, eine neue Arbeitsstelle, eine höhere Position, ein anderes Aussehen, eine andere Umgebung, andere Freunde usw. Diese Antriebskraft heißt „Ehrgeiz". Wir alle haben den ehrgeizigen Wunsch, im Leben etwas zu erreichen, im sozialen und gesellschaftlichen Gefüge einen guten Platz zu haben, nicht zurückzustehen hinter den anderen, sondern mithalten zu können, vielleicht sogar andere zu überrunden, uns ein Stück vom großen Kuchen abzuschneiden, die Schönheiten und Annehmlichkeiten des Lebens genießen zu können.

Vormachen und abschauen

Als kleines Baby lernen wir am besten durch unbewusstes Abschauen und Nachahmen. Kinder beobachten ihre Eltern und übernehmen deren Verhaltensweisen. Wenn die Eltern beispielsweise über Ausländer lästern, tun es auch die Kinder, wenn die Eltern das Papier vom Eis achtlos auf den Boden werfen, machen es auch die Kinder so. Was für das Negative gilt, hat auch für das Positive Geltung: Wenn die Eltern beispielsweise etwas erreichen wollen, sich fortbilden, Karriere machen oder Visionen haben, verhalten sich die Kinder in der Regel ebenso und trachten danach, ebenfalls etwas zu erreichen. Unser Ehrgeiz, etwas können bzw. beherrschen zu wollen, treibt uns unermüdlich an.

Auf diese Weise, wie wir als Kind gelernt haben, lernen wir auch heute noch am besten. Wir brauchen Menschen um uns herum, von denen wir uns etwas abschauen können. Durch eine unbewusste, selbstzerstörerische Lebensweise blockieren wir oft unsere Energie und unseren Ehrgeiz.

Ehrgeiz beinhaltet auch eine große Portion Egoismus. „Jeder ist sich selbst der Nächste" sagt ein Sprichwort so trefflich. Sie müssen überprüfen, in welcher Beziehung Sie – privat und beruflich –

zu Ihren Mitmenschen stehen. Der Egoismus wird in Seminaren für Führungskräfte als Taktik für den Berufserfolg gelehrt. Die berühmteste Erfolgslehre ist der Machiavellismus nach dem Florentiner Niccolo Machiavelli (1469–1527). In dem Werk „Il Principe" stellte er die Staatsräson und absolute Herrschaft über moralische Grundsätze und befürwortete eine ehrgeizige, rücksichtslose Macht- und Erfolgspolitik.

Sie sollten kein ehrgeiziger Aufsteiger und Möchtegern-Machiavelli werden, das würde Sie zum Einzelkämpfer machen. Sie sollen sich aber durch Ihren Ehrgeiz zu mehr Selbstentfaltung formen und dadurch zu einer autonomen Persönlichkeit werden, die sich nicht fremdmanipuliert fühlt. Ihr Ehrgeiz sollte dazu führen, dass Ihre sozialen Bedürfnisse erfüllt werden, wie z. B. Streben nach Anerkennung, Selbstachtung, Selbstvertrauen und Individualisierung. Er sollte auch Ihr Bedürfnis nach Selbsterfüllung befriedigen, z. B. Lebens- und Umweltgestaltung, autonome Selbstentfaltung, Persönlichkeitsreifung, kreative Selbstverwirklichung.

Ihr Ehrgeiz sollte Sie zu einem gesunden Geltungsstreben und Statusdenken bringen. Denn das Streben nach Anerkennung in der Gemeinschaft gehört zu den Grundbedürfnissen des Menschen. Jeder Mensch möchte gerne von einer sozialen Gruppe akzeptiert werden und als vollwertiges, gleichberechtigtes Mitglied in der Gemeinschaft integriert sein. Ihr Geltungsstreben darf jedoch nicht durch Ehrgeiz zu einem pervertierten Statusstreben führen mit der damit verbundenen Rangordnung und Rivalität in der bestehenden Sozialstruktur.

Persönlichkeit

Wir haben die Menschenwürde mit in unsere Wiege gelegt bekommen. Aber wir müssen sie uns jeden Tag, ja jeden Augenblick neu verdienen. Viele Menschen verkaufen ihre Würde, nur um einen kleinen Vorteil zu erhaschen, der sich später als verzichtbar herausstellt. Lassen Sie sich nicht zum Sklaven machen, indem Sie meinen, von einem bestimmten Arbeitsplatz oder bestimmten Umständen abhängig zu sein. Reichtum und Macht sind keine Garanten für innere Qualität, Freiheit und eine würdevolle Persönlichkeit.

Wozu wir gelangen sollen, ist die innere Sicherheit, eins mit der Schöpfung zu sein, die Sicherheit, dass uns nichts geschehen kann, was die Schöpfung nicht für uns vorgesehen hat, und dass uns alles zufließt, was uns zufließen soll. Um in dieser Sicherheit zu leben, ist es erforderlich, dass wir unsere Intuition öffnen und nach innen hören. Denn wir bekommen immer eine Antwort auf unsere Fragen, wenn wir bereit sind, sie anzunehmen.

Viele Erfindungen sind nachweislich der „inneren Stimme" zu verdanken. Die Erfinder haben auch stets sehr freimütig darüber gesprochen oder geschrieben. Aber, weil dies nicht bewusst nachgeahmt werden kann, versuchen die meisten Menschen die sichtbaren Dinge zu kopieren, anstatt neue Originale zu schaffen.

Die meisten Menschen, die in lebensbedrohlichen Situationen waren, berichten, dass sie „instinktiv" oder „intuitiv" das Richtige getan haben. Öffnen Sie sich daher der Stimme der Natur und der Intuition! Das vermittelt Ihnen innere Ruhe, Gelassenheit, Sicherheit, Harmonie und Frieden. Und damit verstärken Sie den Mut zu sich selbst, zu dem zu stehen, was Sie tun und tun wollen, was Ihnen entspricht.

Korrigieren Sie anerzogene Programme, wenn sie nicht mehr funktionieren. Sie müssen sich in Ihrer eigenen Haut „pudelwohl" fühlen und nicht ständig die Haut wechseln wollen in der Meinung, eine andere würde besser zu Ihnen passen.

Praxis-Tipp:

Übernehmen Sie die Verantwortung für Ihre Handlungsweisen – werden Sie zum Regisseur Ihres Lebens!

Erfolgreiche Life-Marketingstrategien

Seit Jahrtausenden glaubt die Menschheit an die Möglichkeit, anderen die Verantwortung für eigene Handlungsweisen übertragen zu können. Für Misserfolge, Schicksalsschläge, Fehler, Unfähigkeiten macht man die Eltern, den Partner, die Kollegen, die Wirtschaftslage, die Banken usw. verantwortlich.

Verantwortung übernehmen

Wenn auch Sie dazu tendieren, anderen die Schuld zuzuschieben, dann sollten Sie dieses Verhalten unverzüglich ändern. Werden Sie sich darüber klar: Niemand anders trägt die Verantwortung für Ihr Leben als Sie selbst! Sie mit Ihren Gedanken schaffen die Handlungsgrundlagen und prägen damit Ihre Umwelt. Alles, was in Erscheinung tritt, ist die Auswirkung Ihres Denkens. Vor jeder Tat ist der Gedanke. Nur ein Mensch, der völlig unbewusst lebt, meint, dass die Dinge „plötzlich geschehen". Sie selbst also produzieren die Summe Ihrer Gedanken, Gefühle und Vorstellungsbilder und erschaffen so Ihr Leben.

Ihre Selbstverantwortung bildet auch die Grundvoraussetzung für Ihre Selbstverwirklichung: Erfolg zieht Erfolg an. Misserfolg zieht Misserfolg an. Gedanken haben die Tendenz, sich gegenseitig anzuziehen. Gedanken wirken auf unseren Körper und können ihn krank machen oder heilen. Dies haben inzwischen viele Mediziner erkannt. Gedanken wirken auf unseren Gemütszustand, auf unsere Verhaltensweisen, auf unsere Wahrnehmungsfähigkeit. Wir nehmen also wahr, womit wir uns in unseren Gedanken am meisten beschäftigen. Plötzlich wird das, was wir wahrnehmen, zur Wirklichkeit und zur Realität und wir merken gar nicht, dass wir die alte Realität selbst verschoben und uns eine neue geschaffen haben.

Wichtig: Für Ihr erfolgreiches Life-Marketing ist die Erkenntnis wertvoll, dass Sie mit Ihrer inneren Bereitschaft und Erwartungshaltung Ihre Wahrnehmung lenken. Sie besitzen somit die Kraft und Macht Ihre Zukunft selbst zu gestalten. Diese Erkenntnis führt dazu, dass Sie auch die volle Verantwortung für Ihr gesamtes Denken und Handeln übernehmen. Sie selbst führen Regie in Ihrem eigenen Lebensfilm.

Können

Vorbilder und Ideale werden uns zunächst fremdbestimmt vermittelt. Damit darf jedoch nicht eine Verdrängung der Individualität stattfinden.

Bewertungszwang und Bewertungslust anderer, denen wir seit unserer Kindheit ausgeliefert waren, prägen unser Selbstwertgefühl. Eltern bewerten unser Können, die Erzieherin im Kindergarten hat unser Können beurteilt, das Schulsystem hat unser Können jahrelang durch ein strenges Notensystem bewertet; Sie haben also Ihr Können stets abrufbereit in schriftlicher Form dokumentiert (Zeugnismappe = Bewerbungsunterlagen). Ohne dieses „Können" hätten Sie Ihren jetzigen Job nie erhalten.

Unternehmen möchten verständlicherweise auf jeder Position in der Firma einen effizienten Mitarbeiter. Anders formuliert: Der Anteil, den das „Lernen" an der täglichen Arbeit ausmacht, soll möglichst niedrig und der Anteil des stupiden, aber effizienten „Produzierens" möglichst hoch ausfallen. Das ist jedoch nur mit erfahrenen Positionsinhabern zu erreichen. Aus diesem Grund versuchen Unternehmen, jeden guten und „funktionierenden" Mitarbeiter so lange wie möglich auf seinem augenblicklichen Platz zu halten, denn jede personelle Änderung ist der Effizienz abträglich.

Fairerweise muss gesagt werden, dass viele Geschäftsleitungen wirklich ernsthaft planen, die Leute zu fördern, die sich den Unternehmenszielen verbunden fühlen, und bereit sind, persönliche Opfer zu bringen. Jedoch nur „über die Zeit", nicht jetzt, sondern irgendwann einmal, wenn gerade weniger Arbeit ansteht oder ein qualifizierter Nachfolger/eine Nachfolgerin für Sie bereitsteht.

So vergisst leider die Unternehmensleitung ihre Vorsätze meistens und befördert jene, die sich primär ihrer Karriere verpflichtet fühlen.

Wer kann, muss auch wollen

Wenn Sie beruflich wirklich weiterkommen wollen, müssen Sie neben Ihrem Können auch Ihren Karrierewunsch ganz obenan stellen. Denken Sie daran: Befördert wird man nicht immer aufgrund der Leistung, sondern allein wegen des Potenzials, das man sich von Ihnen auf einer übergeordneten Ebene verspricht.

Praxis-Tipp:

Sehen Sie Ihr Können unter sportlichen Aspekten: Qualifizieren Sie sich für das nächste Turnier! Der Umstand, dass bereits das Erreichen einer bestimmten Position für noch höhere Aufgaben qualifiziert, nutzen viele frisch Beförderte, um sich für eine noch höhere Position zu bewerben.

Es ist ungefähr so, als würde ein Achtelfinalist eines Tennisturniers zu einem anderen Veranstalter sagen: „Ich bin in diesem Turnier bis zum Achtelfinale gekommen und bisher noch ungeschlagen. Sicher werde ich es hier noch weit bringen. Wenn Ihr mich bei Eurem Turnier gleich im Viertelfinale spielen lasst, dann komme ich sofort zu Eurem Turnier und spiele das jetzige gar nicht zu Ende."

Was im Sport undenkbar wäre, ist in den Unternehmen tägliche Praxis: Der Unternehmenswechsler umgeht die lästige Pflicht, in seinem Unternehmen nachweisen zu müssen, dass er wirklich für die neue Ebene taugt.

Können, gepaart mit Kreativität heißt auch „Visionen" aufbauen zu können. Visionär zu sein bedeutet, schöpferische Kraft zu besitzen. Andere wollen sehen, dass Sie in der Lage sind, sich in einem schwierigen Umfeld ein Ziel zu setzen und dieses mit allen Mitteln und gegen alle Widrigkeiten zu erreichen. Neben Ihrem Können muss eine Erfolgsorientierung für andere erlebbar und spürbar sein.

Gesundheit

Gesundheit ist der Schlüssel zu vielen Türen, die wir gerne für unsere Lebensplanung öffnen würden. Körperliche Gesundheit und seelische Ausgeglichenheit sind das wichtigste Fundament im Leben eines jeden Menschen. Denn erst dadurch ist er imstande, vielfältige Aufgaben und Lebensziele mit Freude zu verfolgen und zu bewältigen.

Gesundheit kann man sich nicht einfach kaufen, sondern dieses wertvolle Gut muss man sich durch bewusstes und richtiges Verhalten auf dem Gebiet der Ernährung und der persönlichen Lebensführung verdienen. Deshalb hat auch jedes Unwohlsein und jede Krankheit im Leben einen tiefen Sinn.

> **Praxis-Tipp:**
>
> So, wie Sie die Verantwortung für Ihr Denken und Handeln tragen, obliegt auch Ihnen die Verantwortung für Ihre ganzheitliche (körperliche, seelische, geistige) Gesundheit.

Wichtig: Die Ernährung

Die wertvolle Ernährung stellt deshalb neben der ausgeglichenen seelischen Verfassung den wichtigsten Faktor dar, um den Zellenstaat Körper vital und leistungsfähig zu halten. Ihr Körper wird auch zu Ihrem Kapital, das Sie in Ihre Firma – denn Sie sind ja Ihr eigener Unternehmer und Marketing-Manager – einbringen.

Wie viele Menschen sind auch Sie sich Ihres Körpers, solange er problemlos „funktioniert", oft nicht bewusst. Sie füttern ihn mit Fast-Food, so wie Sie Ihr Auto mit Benzin „füttern". Sie tanken Energie, ohne darüber nachzudenken, dass Sie im Gegensatz zu Ihrem Auto kein Fließband-Produkt sind. Sie kennen oftmals überhaupt nicht die Individualität Ihrer Ernährungsbedürfnisse und leben diesbezüglich ohne Ernährungskonzept und -niveau.

Erfolgreiche Life-Marketingstrategien

Ein wesentlicher Anhaltspunkt bei der Beurteilung, ob Ihre Ernährung gesundheitsfördernd oder auf Dauer krankheitserzeugend wirkt, ist der Zellstoffwechsel. Er ist maßgeblich an fast allen hochkomplizierten biochemischen und bioenergetischen Funktionsabläufen in Ihrem gesamten Organismus beteiligt.

Eine vollwertige und vitalstoffreiche Ernährung ist der sichere Schlüssel, die Gesundheit so lange wie möglich zu erhalten. Sie allein hat Zugang zu den hochkomplizierten Körpersystemen mit ihren ca. 60 Billionen Zellen. Nur wenn der Schlüssel genau passt, wird der Gesundheitsprozess enorm gefördert. Die Bausteine des gesamten Organismus benötigen alle wesentlichen Vitalstoffe in einer hochwertigen Qualität, wenn sie ihre Aufgaben zuverlässig und präzise erfüllen sollen.

Viele Menschen aber nehmen in erster Linie eine denaturierte, stoffwechselschädliche und damit krankmachende Nahrung zu sich. Diese fördert das Ungleichgewicht und hat negative Auswirkungen auf den Körper. In der Folge schleichen sich Störungen und Fehlregulationen im Stoffwechselgeschehen ein. So kommt der Krankheitsprozess ins Rollen, lange bevor es der Mensch sicht- und spürbar erkennt.

Was Sie für Ihre Gesundheit benötigen, erhalten Sie durch wertvolle, vitalreiche Nahrung sowie Nahrungs-Ergänzungsmittel, die Ihrem Körper alle lebenswichtigen Vitalstoffe zuführen:

- wertvolle Eiweiße, Enzyme und deren Vorstufen
- hochwertige Kohlehydrate und Fette
- reinste Mineralien und Spurenelemente
- qualitativ hochwertige Vitamine
- wichtige Intelligenzmetalle für Gehirn und Drüsensystem
- Licht-, Farb- und Energieschwingungen aus Erde und Sonne

Vergleichen Sie Ihren Körper mit einem Natursee. Wenn dem See klares und reines Quellwasser zuläuft, so ist auch der Wasserinhalt des Sees im biologischen Gleichgewicht und unzählige Tiere und Pflanzen können dort in einer harmonischen Symbiose zusammenleben, indem sich alles wechselseitig im gesunden Wachstum unterstützt und fördert. In dieser naturgesetzlichen Einheit ist selbst das ablaufende Wasser für die nachfolgenden Gewässer keine Belastung.

Anders ist es dagegen, wenn dem Natursee kein klares und reines, sondern verschmutztes und mit Toxinen beladenes Wasser zufließt. Diese Flüssigkeit stört das gesunde Milieu im See, und es kommt zu Veränderungen im biologischen Gleichgewicht und der biochemischen Prozesse. Dies wiederum stört als negative Auswirkung die Lebensgrundlage der positiv wirkenden Mikroorganismen, Pflanzen, Tiere und Kleinstlebewesen. In diesem krankhaften Milieu entwickeln sich nach und nach vermehrt negativ wirkende Mikroben und anorganische Fäulnisbakterien, die wiederum die Pflanzen und Lebewesen schädigen. Der einst gesunde Organismus „Natursee" ist durch verunreinigtes Wasser krank geworden.

> **Praxis-Tipp:**
>
> Entschlacken und entgiften Sie Ihren Körper (= Natursee) regelmäßig. Eine sinnvolle Beratung erhalten Sie beispielsweise in jedem Reformhaus.

Es wird immer wieder darauf hingewiesen, dass Körper und Seele eine Einheit sind und nicht voneinander getrennt werden können. Körper, Seele und Geist verstehen sich als biologische Einheit und stehen in engster Korrespondenz miteinander. Der Mensch ist gesund, wenn die Körper-Seele-Geist-Einheit in Harmonie ist.

Achtung: Vermeiden Sie Drogen und Stimulanzien in jeder Form. „Seelen-Pharmakologie" im Management ist bereits sehr weit fortgeschritten. Psychopillen, die zur Selbststeuerung der Psyche eingesetzt werden, sind jedoch abzulehnen. Lassen Sie sich nicht durch Pharmaka zum Krüppel machen, weil Sie Angst vor psychischen Schmerzen haben. Denn wie körperlicher Schmerz ist auch der psychische Schmerz eine gesunde Reaktion Ihres Körpers.

Kreativität

Kreativität entsteht aus Neugier. Dabei steht ihr der innere Antrieb „ich will" zur Verfügung. Stellen Sie sich vor, in Ihnen würde ein Computer arbeiten. Alles, was man programmiert hat, ist abrufbar – dieser Computer steuert Sie. Ihr Computersystem arbeitet für Sie automatisch – ein Computer ist jedoch nicht kreativ.

Viele unserer Entscheidungen in alltäglichen Transaktionen kommen automatisch zustande. Die Programmierung unseres Computers haben wir der Erziehung durch unsere Eltern zu verdanken, unseren Lehrern, unseren Mitmenschen. Wenn wir zum Beispiel einen Pfeil sehen, der eine Einbahnrichtung entlang zeigt, fahren wir automatisch nicht in die Gegenrichtung. Müssten wir bei jeder Entscheidung beim Nullpunkt anfangen oder gänzlich ohne Daten auskommen, würde dieses jedes Mal einen kreativen Prozess in uns auslösen, aber auch viel Energie binden.

Für den Alltag haben wir uns deshalb ein „Real-Programm" geschrieben und in unserem inneren PC gespeichert, das keine Kreativität mehr fordert und fördert. Manche Menschen behaupten, Kinder, die sich undiszipliniert ausleben dürfen, wären kreativer als jene Kinder, deren Eltern gewisse Grenzen setzen. Prüfen Sie selbst, wie viel Freiraum Sie in Ihrer Kindheit genießen durften.

Gefühle pflegen

Kinder haben mehr Muße kreativ zu sein – zu erkunden, zu erfinden, auseinander zu nehmen, zusammenzusetzen, weil sie ihre Zeit nicht dafür verschwenden müssen, Routinearbeiten durchzuführen.

Pflegen Sie daher Ihre Emotionalität! Bleiben Sie gefühlsmäßig am Ball. Auf keinen Fall ist die Intelligenz wichtiger als Gefühle. Jemand, der keine Emotionen hat, ist innerlich tot. Emotionen haben heißt: bewegbar sein, bewegt sein, erregt sein.

Praxis-Tipp:

Gefühle sind Energien, die die Kreativität eines Menschen beflügeln.

Der Geist wird frei, Träume und Wünsche treten in unser Leben. Bleiben Sie offen in Ihren Wünschen, Sehnsüchten und Träumen.

„Spinnen" Sie sich eine Wunschwelt, ein Paradies auf Erden, ein Netzwerk Ihres persönlichen Glücks. Ideenreich, wie das Netz einer Spinne, soll es aufgebaut werden und weite Räume überwinden können. In seinen Dimensionen sollte es von Kreativität geprägt sein und Ihnen geistige Nahrung liefern, die Sie sofort „verspeisen" oder „einpuppen" können. Durch diese Technik werden Sie in der Lage sein, Fäden zu knüpfen und Endpunkte zu verbinden, die nur von Ihnen und den von Ihnen formulierten Denkvorgängen für andere nachvollziehbar gestaltet werden können. Äußerlich bleiben Ihre „Traumnetze" verborgen. Sich ein „Kreativnetz" zu bauen bedeutet, abstrakt planen und kombinieren zu können, denn Sie überwinden Hindernisse, die Sie im Realbewusstsein nie bewältigen könnten. Vieles käme Ihnen bereits im Vorfeld als nicht machbar bzw. absurd und unvorstellbar vor.

Intelligenz ist nicht genug

Die Intelligenz wird von den meisten als Erfolgsfaktor Nummer eins angesehen. Intelligenztests werden als „Unterhaltungsspille" in den Printmedien vertrieben, Personalchefs arbeiten zwingend bei Bewerbungsgesprächen damit, für Studienberater sind sie ein Muss.

Ihr persönliches Intelligenzprofil haben Sie vermutlich bereits während Ihrer Ausbildung ermittelt, die Numerus-clausus-Hürde hat die Wahl Ihres Studiums bzw. Ihrer Ausbildungs- und Berufswahl geprägt. Der Andrang zu akademischen Intelligenzberufen ist verständlicherweise unvermindert stark. Das Abitur ist ein Statussymbol nach dem Motto: „Der Mensch beginnt erst beim Abiturienten". Aber nicht nur das: Abitur und Studium bedeuten einen besser bezahlten Beruf: Bildung und Intelligenz schlagen sich in der Arbeitswelt in klingender Münze nieder. Intelligenztraining hat deshalb die Aufgabe, den eigenen Marktwert zu verbessern. Ihre optimale geistige Förderung sollte dazu führen, Ihre Intelligenz voll zu entfalten.

Doch Intelligenz bedeutet nicht gleichermaßen „Lebenserfolg". Intelligenz setzt oft Persönlichkeit, Ethik und Gesundheit aufs Spiel. Trainieren Sie deshalb Ihre Unabhängigkeit in Form Ihrer Kreativität, das stabilisiert Ihre psychische Gesundheit.

Achtung: Die Intelligenz (kognitiver Persönlichkeitsbereich) wird von unserer technischen Zivilisation überbetont, Kreativität und Emotion werden vernachlässigt. Die Folge: Die Überbetonung des Intellekts führt zur Kopflastigkeit.

Auch Sie werden sich an Tage und Situationen erinnern, an denen Sie sich total „kopflastig" empfunden haben. Ja, vielleicht hat Ihnen Ihre eigene Kopflastigkeit sogar Nackenschmerzen bereitet und bei Ihnen zu einer Ganghaltung mit gesenktem Kopf geführt? Beobachten Sie doch einmal auf der Straße „kopflastige" Menschen: Es scheint, als würden sie von dem Gewicht ihrer Gedanken nach unten gezogen – der Rücken ist gekrümmt, das Kreuz schmerzt, der Gesichtsausdruck ist angespannt. Ist dann Intellekt noch mit Konkurrenzstreben gekoppelt, wird das Verhalten eiskalt, knallhart, distanziert und unterkühlt.

Die Emotionalität wird im Vergleich zum Intellekt abgewertet. Der Intellektuelle, der sein Verhalten rational „im Griff" hat, gilt als

Ideal, während der Emotionale, der seine Gefühle offen zeigt, als unbeherrschter Gefühlsmensch abqualifiziert wird.

Dadurch, dass immer mehr Frauen in Top- und Führungspositionen eingestiegen sind, hat auch die Akzeptanz an Emotionalität zugenommen. Was früher als „Schwäche" galt, wird heute wieder als „Stärke" gesehen. Gefühle in der Berufswelt sind zum Glück heute wieder gesellschaftsfähig, sie müssen nicht verborgen bzw. unterdrückt werden.

Bekennen Sie sich daher zu Ihren Gefühlen und zu Ihrer Kreativität! Das ist die Zukunft, denn die Abwertung von Gefühlen als Gefühlsduselei, Sentimentalität oder Schwäche ist ein Zeichen der Angst vor spontaner Lebendigkeit. Diese spontane Lebendigkeit hält Sie jedoch jung und begeisterungsfähig, hält Sie leidenschaftlich und ambitioniert. Lebendigkeit bedeutet auch Lust, sich auf neues Unbekanntes einzulassen und Risiken zu akzeptieren. Denn ohne Risikobereitschaft wird sich Erfolg nicht einstellen. Gepaart mit Mut und Lebenskraft wird Ihre Kreativität zur Realität.

Sie sind etwas Besonderes: Die Markenartikel-Strategie

Alle Produkte, die auf dem Markt sind, werden in „Markenartikel" und in „Massenmarktartikel" (mass-market-Produkte) unterteilt. Markenartikel zeichnen sich durch bestimmte Merkmale aus, z. B. Qualität, Bekanntheitsgrad, oberes Preisgefüge etc. Massenartikel sind hauptsächlich billig und überall verfügbar. Die Käufer haben keinen Bezug zu ihnen und bleiben ihnen auch nicht treu.

Was möchten Sie lieber sein: ein Markenartikel oder ein Massenartikel? Und was von beiden sind Sie im Augenblick? Sind Sie das, was Sie gerne wären oder eher das, was Sie eigentlich nicht sein möchten?

Der Begriff „Marke" leitet sich von dem Wort „markieren" ab. Sie selbst wurden als Marke XY, mit einem eigenen Namen geboren. Ihr Name ist Ihr Markenzeichen. Klingt nicht der Name „Johannes Sigbert Rudolph von Burgsteinhausen" gewichtiger als der Name „Josef Huber" oder „Lieschen Müller"? Und klingt „Prof. Dr. Klaus Weber" nicht eindrucksvoller als nur „Klaus Weber"?

Nicht immer aber ist der Geburtsname bereits Garant für Erfolg im Leben. Vielmehr muss man sich „einen Namen machen". Sie müssen sozusagen Ihren Namen als Marke aufbauen und aufwerten. Ihr Name ist Ihre Marke und sollte ein Synonym für Ihre Leistungsfähigkeit, Qualität und Ihr Image sein.

Im Life-Marketing geht es darum, dass Sie sich selbst zu einer „Marke" aufbauen. Dazu betreiben Sie „Markenpolitik" und gestalten folgende Bereiche entsprechend Ihrer Markenartikelstrategie:

- Ihre unverwechselbare, charaktervolle Unterschrift

- Ihre persönliche Visitenkarte

- Ihre persönlichen Schreibunterlagen

- Diverse Statussymbole (z. B. Auto, Wohnung, Accessoires)

- Ihren Lebensstil

Selbst Ihr „Spitzname" kann zu einem Markenzeichen werden. Wenn Sie keinen haben, legen Sie sich einen zu. Jeder berufliche oder private Wechsel ist eine ausgezeichnete Möglichkeit, den Einstieg als Markenartikel zu beginnen. Legen Sie sich einen überzeugenden und glaubwürdigen Lifestyle zu, der zu Ihnen passt und pflegen Sie diesen.

Es ist nicht ausschließlich eine Frage des Geldes, das Sie zur Marke macht – Sie können sich auch in anderer Hinsicht profilieren,

z. B. in sportlicher Hinsicht, Allgemeinbildung, Spezialwissen oder im Bereich Ihres Hobbies.

> **Praxis-Tipp:**
>
> Wichtig ist, dass Sie sich durch Ihre Art von anderen abheben. Werden Sie zum Typ! Leben Sie nicht uniform, sondern leben Sie „unique" (USP)!

Das Wirgefühl à la „alle Mitarbeiter sind gleich" ist nichts für einen Markenartikel. Wenn Sie eine Marke in Ihrer Firma werden wollen, dann dürfen Sie sich zwar zu anderen in der Kantine an den Tisch setzen. Doch das tun Sie nur aus taktischen Gründen und evtl. auch nur an bestimmten Tagen, damit Sie „mitreden" können und wissen, was beim Kantinentratsch geklatscht wurde. „Volksnähe" ist wichtig, aber kein Muss.

Markenhinweis: Statussymbole

Ebenso müssen Sie den richtigen Umgang mit Statussymbolen beherrschen, denn Sie wollen schließlich nicht so sein wie andere. In manchen Berufszweigen, wie z. B. dem Militär, gibt es Rangabzeichen. Damit sind die Rechte und Pflichten für alle deutlich gemacht. In den Unternehmen hingegen trägt man keine Uniform (wenn man Anzug und Krawatte oder Kostüm und Bluse nicht als solche bezeichnen will). Der Status muss deshalb anders signalisiert werden. Man tut dies mit Statussymbolen, wie z. B. Designer-Kleidung, exklusiven Lederwaren, Edel-Autos oder einer entsprechenden Einrichtung mit passenden hochwertigen Accessoires. Vermeiden Sie es jedoch, als „Angeber" eingestuft zu werden.

Falls Sie gegen Statussymbole sind, sollten Sie bedenken, dass man – insbesondere als beruflicher Neueinsteiger oder Karrierestrebender – bestimmte Spielregeln beachten muss. Statussymbole sind nicht für Sie da, sondern für die Menschen, mit denen Sie tagtäglich zu tun haben. Denn, ob man will oder nicht: Man besitzt von Anfang an in einem Unternehmen einen Status.

Die Kreativität, mit der Sie sich als „Markenartikel" profilieren, kennt keine Grenzen. Wie signalisiere ich in einem Großraumbüro, dass mein Schreibtisch etwas besonderes ist? Indem ich mir einige große Grünpflanzen besorge und sie darum herum stelle. Wie signalisiere ich, dass ich ein Arbeitstier mit Geschmack bin? Indem ich auf meinem Schreibtisch für die langen Arbeitsabende eine Designerlampe stelle. Wie demonstriere ich Kundenorientierung? Indem ich meine Visitenkarten in einem eleganten, silbernen Etui aufbewahre.

Emotionen wecken

Für Ihr Selfmarketing sollten Sie die Qualitätsschiene wählen, auf der Sie langfristig erfolgreich fahren wollen. Marken, die zu Markenartikeln werden, sind oft mit Bildern, visuellen Begriffen und Aussagen verbunden (z. B. Mercedes-Stern = „Ihr guter Stern auf allen Straßen" oder „Haribo macht Kinder froh – und Erwachsene ebenso").

Marken bieten konkrete Bilder, aber sie wecken bei anderen auch Emotionen und Assoziationen. Starke Marken sind sehr angesehen, denn sie besitzen eine Anzahl von begehrenswerten Eigenschaften: Sie sind weniger preisanfällig, sind mit einer höheren Markenloyalität verbunden, haben eine unbegrenzte Lebenserwartung – vorausgesetzt, dass sie richtig gehandhabt werden – und selbst Fehler vergibt man ihnen. Eine starke Marke stellt also ein gewisses Kapital dar.

Praxis-Tipp:

Sorgen Sie durch Ihre Markenartikel-Strategie dafür, sich eine kontinuierliche Begehrlichkeit zu verschaffen und zu wahren.

Dabei empfiehlt es sich, dass Sie dem heutigen Bedürfnis nach Qualität entsprechen. Qualität heißt: Fachkompetenz, Belastbarkeit, Problemlösungen, ästhetische Merkmale wie Aussehen, Ausstrahlung, menschliche Stärke.

Die nachfolgende Übung gibt Ihnen einen Überblick über Ihre persönliche Markenartikel-Situation:

Übung: Ihre Markenartikel-Situation

Füllen Sie folgende Aufstellung aus.

Mein Name: ....

Meine Unterschrift: ....

Meine Haupteigenschaft: ....

Mein Werbeslogan: ....

Meine „Verpackung": ....

Mein USP: ....

Mein Preis: ....

Meine Begehrlichkeit: ....

Mein Image: ....

Meine voraussichtliche Lebensdauer: ....

Welche am Markt befindliche Marke möchte ich sein: ....

Stellen Sie sich vor, Sie sind als Arbeitnehmer ein Produkt, also ein Markenartikel. Ihr Käufer ist der Arbeitsmarkt mit seinen Arbeitgebern. Ein Käufer hat natürlich ein großes Interesse an starken Marken. Diese Begehrlichkeit hängt mit einer Reihe von Merkmalen zusammen, die dem Konsumenten Vorteile bieten, z. B.:

Menschen, die Markenartikel sind,

1. gelten als zuverlässig und der Käufer kann davon ausgehen, dass sich daran auch im Laufe der Zeit nichts ändern wird – das gibt Sicherheit.

2. bleiben im Bewusstsein hängen, werden mit mehr Eigenschaften assoziiert, haben einen höheren Bekanntheitsgrad.

3. haben eine Persönlichkeit, einen Charakter, sind wertiger und vorzeigbarer.

4. helfen dem Käufer (in diesem Fall dem Arbeitgeber) sich zu definieren. Sie übertragen ihren Status auf sie.

5. verhelfen dem Käufer zu Profit und Ansehen; ihr guter Ruf färbt auf die ganze Abteilung ab.

6. haben Charisma. Es gelingt ihnen, ihr Umfeld zu verändern.

7. haben zahlreiche Beziehungen und zumeist eine kulturelle Bedeutung, die auf den Käufer übertragen wird.

Als „Markenartikel" sind Sie begehrlich und interessant für viele Menschen. Sie haben einen hohen Marktwert. Steigen Sie deshalb noch heute aus der Masse der Menschen aus und werden Sie zu einem Markenartikel!

Steigern Sie Ihren Marktpreis

Stellen Sie sich drei Frauen vor: Lieschen Müller, Frau Prof. Sonnenschein und Madonna. Welchen Marktpreis, glauben Sie, hat jede von ihnen? Schätzungsweise liegt der Marktpreis von Lieschen Müller bei 25.000 Euro, der von Frau Prof. Sonnenschein bei 250.000 Euro und der von Madonna bei 2,5 Millionen Euro. Welchen Marktpreis haben Sie? Sie wissen es nicht?

Vermutlich kennen Sie das Sprichwort: „Jeder Mensch hat seinen Preis!" Gemeint ist damit, dass man einem Menschen nur genug

Geld für eine bestimmte Leistung anbieten muss, damit er zugreift. Nehmen wir an, ich würde Ihnen 10.000 Euro dafür anbieten, dass Sie eine Heuschrecke essen. Womöglich würden Sie dieses Ansinnen angewidert abweisen. Gut, dann biete ich Ihnen eben 100.000 Euro. Wie sieht es nun aus? Vermutlich würden Sie nicht sofort abweisend reagieren, sondern etwas überlegen. Für 100.000 Euro könnten Sie sich einen Porsche kaufen, etwas, das Sie durchaus fasziniert. Aber dann denken Sie daran, was Sie dafür tun müssten und entscheiden sich für ein „nein". Gut, dann biete ich Ihnen 500.000 Euro! Die Pause des Nachdenkens würde mit Sicherheit größer sein – Sie könnten sich eine Eigentumswohnung für das Geld kaufen, oder sogar ein Haus auf dem Land. Vielleicht würde jetzt der eine oder andere zugreifen, das Übel auf sich nehmen und die Belohnung kassieren. Wieder andere würden womöglich mit „nein" antworten. Wenn ich den Preis auf 1 Million Euro anheben würde, würden Sie dann zugreifen?

Irgendwo hat jeder Mensch seinen Preis. Jeder Mensch ist käuflich – es ist nur eine Frage der Höhe des Angebots. Ist die Summe hoch genug, spielen auch moralische oder sonstige Bedenken kaum mehr eine Rolle. Das klingt makaber, aber es ist nun mal so. Geld regiert die Welt! Und wer Milliardär ist, kann sich im Prinzip fast alles kaufen (wie im Film „Das unmoralische Angebot" mit Robert Redford und Demi Moore).

Menschen, die einen niedrigen Marktpreis haben, besitzen zumeist auch kein Geldbewusstsein. Sie konzentrieren sich auf ihre Schwächen statt auf ihre Stärken. Sie haben generell nur wenig Geld in der Tasche. Wie viel Bargeld tragen Sie in der Regel mit sich? Die meisten Menschen haben weniger als 300 Euro bei sich. Warum ist das so? Weil die Menschen

- Angst haben es zu verlieren
- Angst davor haben es auszugeben
- Angst haben bestohlen zu werden

- sich mit Geld in der Tasche unwohl fühlen

- gar nicht mehr haben!

Fazit ist: Die Menschen fühlen sich mit viel Geld in der Tasche eher unwohl.

Die beste Vorbereitung Ihren Marktpreis zu steigern besteht darin, dass Sie lernen, sich mit der doppelten oder dreifachen Menge an Geld wie bisher in der Tasche wohl zu fühlen. Verändern Sie Ihr Gefühl für Geld, erweitern Sie Ihren bisherigen „Geld-Horizont". Viele Menschen haben einen zu beengten Horizont und können es sich nicht vorstellen, über mehr Geld zu verfügen als bisher. Wünschen Sie sich von Herzen, eines Tages viel Geld verdienen zu wollen.

Nun gibt es Menschen, die womöglich einwenden: „Seit Monaten (oder Jahren) habe ich diesen Wunsch und dennoch hat sich überhaupt nichts zum Positiven verändert." In diesem Fall kann es sein, dass diese Menschen eine innere Programmierung *gegen* mehr Geld mit sich herumtragen. Diese Tatsache ist ihnen jedoch oft nicht bewusst. Mit ihrem Verstand sagen sie: „Ich will mehr Geld", aber in ihrem Unterbewusstsein ist z. B. folgendes Programm aktiv:

- Geld stinkt

- Wenn ich reich bin, liebt man mich nur des Geldes wegen

- Geld zerrinnt mir zwischen den Fingern

- Geld verdirbt den Charakter

- Wer den Pfennig nicht ehrt, ist des Talers nicht wert

- Geld macht hochnäsig und arrogant

- Gott liebt die Armen

- Reichtum macht einsam usw.

Erkennen Sie Ihre – womöglich negative – Programmierung zum Thema „Geld". Wer kein bzw. ein negatives Geldbewusstsein hat, hat zumeist auch kein Wertbewusstsein von sich selbst. Und wer kein Wertbewusstsein besitzt, hat in der Regel auch einen niedrigen Marktpreis. Sie sehen: Die drei Begriffe „Geld – Selbstwert – Marktpreis" sind eng miteinander verknüpft.

Praxis-Tipp:

- Wenn Sie als Marketing-Manager Ihren Marktpreis steigern wollen, müssen Sie als erstes Ihr Geldbewusstsein und Ihr Selbstwertbewusstsein verändern.

- Erkennen Sie, welch ein wertvoller Mensch Sie sind! Ganz egal, ob Sie Hausfrau und Mutter, Uni-Professor, Firmeninhaber oder nur kleiner Angestellter sind, Sie sind ein wertvoller Mensch – solange Sie selbst sich als wertvoll betrachten. Deshalb: Verkaufen Sie sich niemals zu billig, sondern nur zu einem angemessen hohen Preis.

Nicht alles, was die Menschen billig kaufen können, schätzen sie auch. Wenn Sie z. B. eine Tasche um ca. 100 Mark kaufen, werden Sie diese nur wenig schätzen. Sie brauchten eine Tasche und diese ist funktionell, basta! Wenn Sie hingegen eine Tasche um 1.000 Mark kaufen, werden Sie diese wesentlich höher bewerten und stolz darauf sein, dass sie Ihnen gehört.

Verkauf nicht unter Wert

Auch viele Menschen lassen sich billig „einkaufen". Finden Sie nicht auch den Spruch „Darf ich Sie auf eine Tasse Kaffee einladen?" ziemlich billig und abgedroschen? Jemand möchte etwas mit Ihnen besprechen, möchte etwas von Ihrer Aufmerksamkeit und Ihrer Zeit und lädt Sie, als Gegenwert, zum Kaffee ein? Das ist ein schlechtes Geschäft! Wie anders wäre es da, wenn diese Person Sie zu einem Abendessen in einem Gourmet-Restaurant einladen würde? Eine solche Einladung gäbe Ihnen das Gefühl, dass Sie in den Augen dieser Person etwas Wertvolles sind.

Wenn Sie zum Essen eingeladen werden, essen Sie dann eher etwas preislich Günstiges, nur um sich Ihrem Gegenüber anzupassen oder nicht unverschämt zu wirken? Dann sind Sie ein ziemlich bescheidener Mensch. Mit Bescheidenheit jedoch ist noch niemand ans Ziel gekommen. Halten Sie sich einen Spruch vor Augen, der da lautet: „Bescheidenheit ist eine Zier, doch weiter kommst du ohne ihr!" Bestellen Sie daher, worauf Sie Lust haben, auch wenn es das teuerste Gericht ist. Sie drücken damit nur Ihren Wert und Ihren Marktpreis aus.

> **Praxis-Tipp:**
>
> Verschenken Sie nichts von sich selbst, verkaufen Sie sich nicht zu billig. Zeigen Sie Ihren Mitmenschen, welchen Wert Sie besitzen, was diese investieren müssen, um Ihre Zeit, Ihr Wissen oder Ihre Energie zu bekommen.

Manche Menschen lassen sich von anderen stundenlang mit deren Problemen volllabern – sie „schenken" anderen ihre Zeit. Eine Gegenleistung dafür erhalten sie nicht. Was glauben Sie, welchen Marktwert haben diese Menschen?

Willst du was gelten, zeige dich selten

Wenn Sie einen angemessen hohen Marktwert erreichen bzw. besitzen wollen, müssen Sie sich rar machen. Wenn Sie überall und jederzeit für jeden zur Verfügung stehen, haben Sie keinen guten Marktwert. Stellen Sie sich vor, der Bundespräsident gewährt Ihnen eine Zwei-Stunden-Audienz. Wie würden Sie diese Zeit einschätzen? Vermutlich als etwas sehr Kostbares. Stellen Sie sich nun vor, eine Bekannte würde Ihnen einen halben Tag „Audienz" einräumen. Wie würden Sie diese Zeit einschätzen? Vermutlich als etwas Unbedeutendes. Vielleicht würden Sie das Treffen sogar absagen, weil Ihnen etwas anderes wichtiger ist.

Wichtig: Das, was Menschen mit einem hohen Marktpreis geben, ist in der Regel kostbar und wertvoll; das, was Menschen mit einem niedrigen Marktpreis geben, ist in den Augen anderer zumeist wenig bedeutend, manchmal sogar wertlos.

Ihren Marktpreis können Sie nur dann steigern, wenn Sie die Umstände, in denen Sie jetzt leben, nicht mehr länger akzeptieren. Halten Sie sich vor Augen, dass Sie ein Produkt sind, das sich selbst vermarktet und seine Absatzchancen steigern will. Verglichen mit einem Konsumprodukt unterliegen Sie denselben Marktbedingungen. Wie reagieren Sie beispielsweise auf die Erhöhung der Benzinpreise, Ihrer Sonntagsbrötchen, des Apfelsaftes, den Sie sich täglich in der Kantine kaufen?

Die meisten Käufer reagieren äußerst sensibel darauf, wenn sich der Preis eines bekannten Produktes plötzlich erhöht, ohne dass sich am Produkt selbst etwas verändert. Wenn Sie beispielsweise von Ihrem Chef eine Gehaltserhöhung verlangen, ohne dass sich etwas an Ihnen verändert hat, wird er nicht einsehen, warum er mehr bezahlen soll. Sie müssen also Ihren Wert steigern.

So steigern Sie Ihren Marktpreis als Arbeitnehmer

Über den Verdienst stellen Mitarbeiter fest, was sie ihrem Chef wert sind. Im Verdienst drückt sich die Wertschätzung des Arbeitgebers aus und davon hat man nie genug. Die Spannen bei Gehältern sind riesig. Jeder vierte Beschäftigte könnte mehr rausholen. Dennoch bleiben viele dort, wo sie sind, weil sie nicht wissen, was sie tun müssen, um ein höheres Gehalt zu bekommen. Dabei ist es ganz einfach. Die Devise lautet: Leistung bestimmt den Lohn. Wenn Sie Ihre Leistung nicht steigern, verdienen Sie auch keine Gehaltserhöhung.

Aber auch mit der besten Leistung kommen Sie nicht weiter, wenn Sie nicht die Initiative ergreifen und mit Ihrem Chef über das Thema Gehaltserhöhung sprechen, denn selten reden Chefs über Geld. Hierzu einige Tipps:

Gehaltserhöhung: Erfolgreich verhandeln

- Trauen Sie sich, über Geld zu sprechen. Das darf Ihnen nicht unangenehm oder peinlich sein. Es lohnt sich zu verhandeln. Zumeist sind zumindest kleinere Erhöhungen drin.

- Verzichten Sie auf Drohungen, sich einen neuen Job zu suchen. Damit bewirken Sie oft das Gegenteil. Selbst wenn Ihr Chef nachgibt, ist oft das Vertrauensverhältnis gestört.

- Bereiten Sie sich gründlich auf das Gespräch vor. Die entscheidende Frage Ihres Chefs wird lauten: Wieso wollen Sie mehr verdienen? Genau das müssen Sie Ihrem Chef erklären können.

- Begründen Sie Ihre Gehaltswünsche mit Ihrem Engagement bei laufenden und künftigen Projekten. Für Ihre vergangene Arbeit wurden Sie bereits bezahlt.

- Informieren Sie sich umfassend über branchenübliche Gehälter (Jobbörse, Internet), nur so können Sie überzeugen.

- Argumentieren Sie nicht mit Verdiensten von Kollegen, das klingt neidisch und nicht leistungsbewusst.

- Jammern hilft nicht. Hinweise auf höhere Lebenshaltungskosten oder das zweite Kind haben mit Ihrer Einsatzbereitschaft nichts zu tun.

- Konzentrieren Sie sich auf einen Bereich: Wollen Sie mehr Geld, einen Firmenwagen oder eine bessere Altersversorgung. Vermeiden Sie langwieriges Gefeilsche.

- Führen Sie Verhandlungen am Vormittag. Die Chancen, dass Ihr Chef Ihnen zuhört, sind größer.

Auch im Beruf gilt: Machen Sie sich rar. Es gibt Menschen, die jederzeit dazu bereit sind, für andere Kollegen einzuspringen, zusätzliche Arbeiten zu übernehmen oder ihren Urlaub zu verschieben, wenn Not am Mann ist. Mehr Ansehen oder Geld verdienen diese Menschen jedoch nicht! Im Gegenteil: Sie werden für Streber, Schleimer oder Wichtigtuer gehalten.

Praxis-Tipp:

Biedern Sie sich nicht überall an, sondern setzen Sie anderen Grenzen. Das wird Ihnen viel mehr Ansehen einbringen, als wenn Sie jederzeit zur Verfügung stehen.

Versteckt, aber entdeckt: Ihr verborgenes Potenzial

Um erfolgreiches Life-Marketing zu betreiben, müssen Sie an Ihr verborgenes Potenzial heran. Nur wenn Sie Ihren inneren Kräftereichtum, Ihre einzigartigen Talente und Fähigkeiten erschließen, können Sie mehr leisten als bisher und auf Touren kommen. Unzweifelhaft besitzt jeder Mensch ein solch wunderbares Potenzial, nur ist es bei vielen Menschen noch nicht entdeckt und entwickelt. So mancher ahnt zwar, dass da noch etwas ist, aber nur wenige bringen die Energie auf, eine Forschungsreise zu sich selbst zu starten.

Werden Sie sich daher Ihrer Stärken, Talente und Fähigkeiten bewusst. Sie möchten ja ein erfolgreicher Markenartikel werden und bei anderen Begehrlichkeit und Bedürfnisse wecken. Sie möchten sich „gut verkaufen", um im Leben erfolgreicher zu sein. Erfolg ist auch über Abgrenzung möglich, d. h. Sie stellen ganz eindeutig den Unterschied zu anderen Mitmenschen her, z. B. gegenüber anderen Arbeitskollegen. Oder Sie profilieren Ihre „Produktvorzüge" eindeutig gegenüber anderen, vergleichbaren Produkten, z. B. ebenfalls Ihren Arbeitskollegen.

Wer bietet mehr? Das so genannte „Mehr-Wert-Prinzip" zeigt auf, welchen Zusatznutzen Sie im Gegensatz zu anderen Personen bieten können. Was steckt in Ihnen, was die anderen nicht haben? Machen Sie sich auf die Suche nach Ihrem verborgenen Potenzial. Fangen Sie dabei bereits bei der Ahnenforschung an.

Erstellen oder komplettieren Sie Ihre Ahnentafel

Bitten Sie Ihre Eltern oder andere Familienmitglieder, Ihnen dabei behilflich zu sein. In eine Ahnentafel gehören neben Namen, Geburts- und Todestag auch die Berufe Ihrer Ahnen. Diese Ahnenforschung macht nicht nur Spaß, sie ist auch sehr interessant. Sie können z. B. entdecken, dass Ihr Urgroßvater Kirchenmaler war und sich daraus Ihr Faible für Kunst und Kirchen entwickelt hat. In der Vergangenheit liegt oft der Schlüssel zu vielen Dingen, die unsere Seele beschäftigen. Was jetzt noch als Hobby, Neigung oder Talent bei Ihnen schlummert, kann morgen schon zu einem neuen Beruf für Sie werden.

Kommunizieren Sie auf mehreren Ebenen

„Nur wer auf allen Kanälen senden kann, kann auch von allen Empfängern verstanden werden." Die Kommunikation zwischen zwei Menschen wird hör-, sicht- und spürbar verbessert, wenn beide die gleiche Frequenz benutzen.

Wollen Sie sich also z. B. als auditiver Typ (= Schwergewicht „hören") dem Visuellen (= Schwergewicht „sehen") mitteilen, dann werden Sie ihn vermutlich nur schwer mit Ihrer Botschaft erreichen, wenn Sie dauernd auf der auditiven Frequenz senden. Das ist so, als ob Sie ins Ausland kommen und sich einem Einheimischen in Ihrer Muttersprache verständlich machen wollen.

Sind Sie ein auditiver Typ, dann sollten Sie darauf achten, Ihre Mitteilung bildhafter zu artikulieren, denn dadurch werden Sie sich schneller und nachhaltiger mit Ihrem visuellen Gesprächspartner verständigen können. Haben Sie es hingegen mit einem auditiven Gegenüber zu tun, sollten Sie weniger Gewicht auf die bildhafte Sprache, sondern viel mehr auf die Wortwahl legen.

Wenn es Ihnen gelingt, richtig zu handeln, dann haben Sie Ihr verborgenes Potenzial der Menschenkenntnis, des Einfühlungsvermögens und Beurteilungsvermögens entdeckt. Sie haben zudem Ihr Flexibilitätspotenzial gefunden und Ihre Fähigkeit zur Zielerreichung, nämlich Kommunikation und Verständigung verbessert!

Wer richtig zu fragen versteht, beherrscht die Kunst der Gesprächsführung. Es gibt einen Leitsatz einer Manager-Oberhandschulung: Wer fragt, der führt! Entdecken Sie die Möglichkeiten der Oberhandtechnik und Oberhandsicherung in Ihrem Kommunikationsstil, vielleicht liegt darin ein noch in Ihnen verborgenes Potenzial.

Fragen bzw. Antworten werden je nach „Niveau" der Gesprächspartner und je nach Charakter der Situation unterschiedlich pseudohöflich ausfallen. Ihr Gesprächspartner wird dabei „entwertet", z. B. durch Unterbrechungen, durch mangelnden Blickkontakt, durch resonanzloses Übergehen von Gesprächsbeiträgen: Niemand nimmt Bezug auf das Gesagte, weder positiv noch negativ. Diese Art, jemanden wie Luft zu behandeln, ist in höchstem Maß aggressiv und entwertend, wird aber, da kein „Blut vergossen wird" im Allgemeinen als höchst normal empfunden. Für Sie selbst gilt, sich gegen Oberhandtechniken innerlich zu wappnen. Das können Sie dadurch erreichen, dass Sie Ihre eigene Durchlässigkeit mindern, so dass einiges von dem abprallt, was sonst tief eindringt und kränkt.

Entdecken Sie Fähigkeiten, die den Kern Ihrer Persönlichkeit berühren

Es gibt keine typisch weiblichen oder typisch männlichen Persönlichkeitsstile, alles steckt in jedem/r ein wenig. Klischees sind dennoch vorhanden.

Erfolgreiche Life-Marketingstrategien

Identifizieren Sie sich nicht einseitig mit diesen „Außenmustern", denn dahinter ist viel mehr verborgen: Ein inneres Geschehen, das Ihre Persönlichkeit ausmacht und zu dem Sie den Kontakt immer wieder herstellen sollten. Diese Kontaktunterbrechung ist es, die uns allzu oft entfremdet und uns zum Automaten reduziert. Wie ein programmierter Computer scheinen wir ohne Wahlfreiheit dazu verdammt zu sein, auf denselben „input" immer wieder den gleichen „output" zu liefern.

Übung: Ihr Persönlichkeitsstil

Bitte kreuzen Sie nachfolgend Ihren Persönlichkeitsstil an. Auch eine Mischung ist möglich. Vergeben Sie max. 100 Punkte:

Meine Punktezahl:

- Bedürftig abhängiger Stil   ....
  (Angst vor Verlust an Urgeborgenheit)
  Kommunikation: „Wie soll ich
  das denn bloß machen?"

- Helfender Stil   ....
  (Selbstkundgabe von Stärke und
  Belastbarkeit: edel, hilfreich und gut)
  Kommunikation: „Keine Sorge,
  ich bin ganz für dich da, das
  werden wir schon hinkriegen."

- Selbstloser Stil   ....
  (Selbstentwertung: Sag, wie du
  mich haben willst)
  Kommunikation: „Ich selbst bin
  unwichtig, nur im Einsatz für dich
  und andere bin ich wichtig."

- Aggressiv-entwertender Stil ....
  (Minderwertigkeitsgefühle: buckelt
  nach oben und tritt nach unten)
  Kommunikation: „Mir kann keiner.
  Du bist schuld, gib klein bei!"

- Sich beweisender Stil ....
  (Narzissmus: Ich selbst bin nicht [liebens]wert –
  nur in dem Maße, wie ich „gut" bin,
  verdiene ich Liebe und Anerkennung)
  Kommunikation: „Ich bin kompetent
  und ohne Fehl und Tadel!"

- Bestimmend kontrollierender Stil ....
  (Angst vor Kontrollverlust: Ich weiß,
  was richtig ist)
  Kommunikation: „Das macht man so
  und nicht anders!"

- Distanzierender Stil ....
  (Angst vor Abhängigkeit: Komm mir
  nicht zu nahe)
  Kommunikation: „Was in mir vorgeht,
  tut nichts zur Sache – außerdem geht
  in mir nichts vor!"

- Mitteilungsfreudig-dramatisierender Stil ....
  (Stets im Vordergrund sein: Ihr seid mir
  wichtig – als willkommenes, aber
  austauschbares Publikum)
  Kommunikation: „Hört hört, so bin ich!"

Definieren Sie nun selbst Ihren Stil und analysieren Sie, was Ihnen dieser jetzige Stil alles ermöglicht, erspart, aber auch verbaut. Was müssten/sollten Sie ändern, um zukünftig vorteilhafter zu handeln?

Nutzen Sie Ihr brachliegendes „Kapital"

Sicherlich kennen Sie das Sprichwort „Was Hänschen nicht lernt, lernt Hans nimmermehr!" Es muss von einem Gehirnmuffel erfunden worden sein, der zu faul zum Denken und Lernen war und diese geniale Ausrede (er-)fand.

Die moderne Gehirnforschung hat diese sich hartnäckig haltende Ansicht, nämlich, dass das Lernen im Erwachsenenalter kaum mehr möglich ist, längst widerlegt. Zwar schrumpft das Gehirn älterer Menschen um etwa sechs Prozent seines jugendlichen Volumens, es sterben dabei aber längst nicht so viele Nervenzellen ab, wie Gehirnforscher noch vor wenigen Jahrzehnten angenommen haben. Vor allem aber hat unser Gehirn schier unendliche Reserven. Nach Ansicht der Experten nutzen wir bestenfalls nur zehn Prozent seiner gesamten Kapazität. Der Rest liegt brach – ungenutztes wertvolles Kapital!

> **Praxis-Tipp:**
>
> Erkennen Sie, dass Sie bis ins hohe Alter lernfähig sind und Ihr Gehirn nur darauf wartet, gefordert und gefüttert zu werden.

Manche Menschen sind geistig regelrecht „ausgehungert". Betreiben Sie daher laufend und regelmäßig ein umfassendes Gehirntraining, fordern und füttern Sie Ihr Gehirn, dann bleiben Sie geistig fit und gesund. Beanspruchen Sie dabei Ihre beiden Gehirnhälften, denn jede ist für bestimmte Bereiche verantwortlich:

Linke Gehirnhälfte

- Sprache
- Ratio/Logik
- Gesetzmäßigkeiten
- Erfassen und Analysieren
- Wissenschaft
- Schritt-für-Schritt-Vorgehen

Rechte Gehirnhälfte

- Bilder/Analogien
- Intuition/Gefühl
- Kreativität
- Gesamtschau v. Einzeldaten
- Kunst/Musik/Tanz
- Ganzheitliches Vorgehen

Unser Großhirn ist doppelt angelegt. Aus der Vogelperspektive gesehen, erinnert es an eine Walnuss mit einer Einkerbung in der Mitte. Die beiden Hälften sind spiegelbildlich zueinander angeordnet und über einen bleistiftdicken Strang miteinander verbunden, über den sie Informationen austauschen.

Beispiel:

Angenommen, Ihnen würde jemand die Zahl Fünf nennen und Sie hätten sie vorher noch nie gehört, dann wüssten Sie damit nichts anzufangen. Sie erklärt sich nicht von selbst. Wenn Ihnen zugleich aber auf die fünf Finger einer Hand gezeigt wird, wird Ihnen durch diese Analogie sofort klar, was die Zahl Fünf bedeutet.

Die erste Information wird von der linken, die zweite von der rechten Gehirnhälfte verarbeitet – und erst die Verknüpfung der beiden Informationen ergibt einen Sinn! Sie sehen, es ist wichtig, beide Hirnhälften zu trainieren. Beide gehören untrennbar zusammen. Sonst können Sie die Welt nicht in ihrer Gesamtheit erfassen.

Praxis-Tipp:

Trainieren Sie laufend Ihre beiden Gehirnhälften „spielerisch", indem Sie z. B. Zahlen oder Begriffe mit Bildern verknüpfen.

Manche Menschen haben ein fantastisches Aufnahmevermögen und ein sehr gutes Gedächtnis. Es scheint, als sei ihr Gehirn ein optimierter Computer. Sie wissen auf (fast) alles eine Antwort und selbst Jahre zurückliegende Ereignisse oder Jahreszahlen von Schlachten usw. sind in ihrem Speicher präsent. Sie antworten rasch und präzise, während andere noch immer nach den richtigen Antworten suchen. „Das war ....., war das nicht 1633? Nein, das war ......!" Man könnte nun meinen, dass diese Menschen ständig ihr Gehirn trainierten, Jahreszahlen paukten oder sehr belesen sind. All das sind jedoch begleitende Faktoren zu einer Tatsache: Manche Menschen haben einfach ein phänomenales Gedächtnis und eine außergewöhnlich hohe geistige Kapazität. Deshalb sind andere Menschen nicht unbedingt „dümmer", sondern einfach etwas langsamer, vergesslicher, nicht so flexibel, nicht so aufnahmefähig.

Fremdprogrammierung

Kennen Sie Ihre geistige Kapazität? Manche Menschen reden sich ein, sie seien vergesslich, ohne sich darüber bewusst zu werden, ob diese Behauptung auch wirklich stimmt oder ob sie nur auf einer Beurteilung der Mitmenschen beruht. Häufig haben wir es nämlich mit einer Fremdsuggestion zu tun. Die Eltern sagen beispielsweise von ihrem Kind: „Er/sie ist ein Spätzünder, bei ihm/ihr dauert alles etwas länger." Das Kind wächst mit dem Bewusstsein heran, dass es geistig eben nicht so schnell ist wie die anderen. Im späteren Leben übernimmt es diese Fremdprogrammierung. Wenn ihm etwas im Beruf nicht schnell genug gelingt, entschuldigt es sich damit: „Ich war schon immer ein Spätzünder. Bei mir dauert alles etwas länger, dafür aber sitzt es dann auch!"

Dieser Mensch hat nie seine wahre geistige Kapazität erfahren, sondern fährt ein Leben lang in einer Schablone, die ihm von anderen aufgesetzt worden ist. Nehmen wir einmal an, in diesem Menschen steckt in Wirklichkeit eine außergewöhnlich hohe geistige Kapazität, ein verborgenes Potenzial, das er aber mit seiner gewohnten Lebens- und Verhaltensweise niemals entdecken wird. Ist es dann nicht so, dass dieser Mensch schlichtweg sein Potenzial vergeudet, mit dem er eine optimale Lebensqualität erzeugen könnte?

Werden Sie sich daher darüber klar, ob Ihre geistige Kapazität, die Sie für Ihr derzeitiges Leben anwenden, auch wirklich Ihrem tatsächlichen Potenzial entspricht. Wenn Sie der Meinung sind, eher zur geistig trägen Sorte von Menschen zu gehören, überlegen Sie: Gab es nicht doch vielleicht schon manchmal Situationen, in denen Sie blitzschnell und dazu präzise reagiert haben? Wenn Sie sich für vergesslich halten: Haben Sie sich nicht vielleicht doch schon manchmal an Dinge erinnert, an die sich die anderen nicht erinnern konnten?

Ihr Geist und seine individuelle Funktionalität ist Ihr Potenzial, das es Ihnen ermöglicht, effiziente Life-Marketing-Strategien festzulegen und zu verfolgen, um Ihr Ziel, Ihre Vision erfolgreich zu realisieren.

> **Praxis-Tipp:**
>
> Trainieren Sie Ihren Geist, fordern und fördern Sie ihn, um geistig auf Hochtouren zu laufen!

Vom „Verlust-Weg" auf die „Gewinner-Straße"

Viele Menschen schippern, ohne zu steuern oder einen Kurs festzulegen, auf dem Lebensozean umher und wundern sich, dass sie auf dieser „Verlust-Route" keine Gewinne machen. Wie sieht es mit Ihrer Route aus? Befinden Sie sich auf dem „Verlust-Weg" oder eher auf dem „Gewinner-Weg"?

Im Prinzip hat jeder Mensch am Anfang seines Erwachsenenlebens gewisse Vorstellungen, die er realisieren möchte: Beruflich will man dieses und jenes erreichen, man möchte ein schönes Zuhause, am liebsten ein Eigenheim, man möchte eine glückliche Partnerschaft und Familie, man möchte finanziell gut situiert sein und sich die Annehmlichkeiten des Lebens gönnen können, man möchte etwas von der Welt sehen, man träumt davon, die „Gewinner-Straße" zu gehen.

Oft kommt es dann aber ganz anders. In der Mitte des Erwachsenenlebens – einer Zeit, in der gerne eine Zwischenbilanz gezogen wird – stellt man fest, dass man kaum etwas von den einstigen Träumen realisiert hat. Man hat beruflich nicht das erreicht, was man wollte, man besitzt kein Eigenheim, sondern lebt in einer engen 3-Zimmer-Wohnung, die Partnerschaft ist am Ende oder gar zerbrochen, man lebt finanziell am unteren Limit und muss jede Mark zweimal umdrehen, man hat nichts von der Welt gesehen, weil man nur Billigreisen zum nächsten Campingplatz machen konnte usw. Man befindet sich auf dem „Verlust-Weg".

Das ist eine oft schmerzliche, ernüchternde Erkenntnis. Doch wie schon das Sprichwort sagt: „Erkenntnis ist der Anfang auf dem Weg zur Besserung." Sehen Sie den Tatsachen ins Auge und machen Sie sich nichts vor. Viele Menschen neigen dazu, Theater zu spielen. Sie sagen beispielsweise: „Ich habe zwar nicht viel von dem erreicht, was ich mir einmal gewünscht habe, aber ich bin mit dem zufrieden, was ich habe. Geld allein macht schließlich auch nicht glücklich!"

Schonungslose Kursänderung

Seien Sie einmal vollkommen ehrlich und betrachten Sie schonungslos die Realität Ihres Lebens und Ihrer (früheren) Träume. Führen Sie heute das Leben, das Sie sich erträumt haben? Sind Sie auf der „Gewinner-Straße" oder auf dem „Verlust-Weg?" Und wenn Sie auf dem „Verlust-Weg" sind, wollen Sie so weitermachen? Oder wollen Sie etwas ganz anderes? Haben Sie womöglich „die Nase voll" von all dem Mittelmaß, den Engpässen, dem Frust, dem „under-level-Leben"? Wollen Sie endlich einmal wirklich leben, das Leben auskosten, aus dem Vollen schöpfen, am Hebel des Erfolgs sitzen? Dann tun Sie es! Wechseln Sie vom „Verlust-Weg" auf die „Gewinner-Straße!"

> **Praxis-Tipp:**
>
> Entscheiden Sie sich jetzt für eine Kursänderung. Lenken Sie Ihre Entscheidungskraft in die richtigen Bahnen.

Es ist im Prinzip ganz einfach: Der Knackpunkt ist Ihr Focus, Ihre Konzentration – die Summe Ihrer inneren Kräfte. Bisher haben Sie diese Kräfte auf Ihr negatives Leben gelenkt. Sie haben sich beispielsweise darüber geärgert, dass Sie seit zwei Jahren keine Gehaltserhöhung bekommen haben, dass Sie bei der Trennung von Ihrem Partner zu großzügig waren, dass die Preise für Benzin immer höher werden, dass die Steuern und Versicherungen unaufhaltsam nach oben klettern, dass es anderen wirtschaftlich besser geht als Ihnen, und, und, und. Über jeden Kontoauszug oder jede Mahnung haben Sie sich manchmal tagelang geärgert – und dabei viel kostbare Kraft vertan.

Praxis-Tipp:

Nachweislich erschaffen wir uns das, worauf wir unsere Kräfte lenken.

Unsere Vorstellung kreiert die Wirklichkeit, ohne darauf zu achten, ob es vorteilhaft oder nachteilig für uns ist. Es gibt Menschen, die sich ständig Sorgen darüber machen, sie könnten an Krebs erkranken oder ihr Partner/ihre Partnerin könnte sie betrügen. Sie lenken all ihre Kräfte in die Horrorvorstellungen mit der Konsequenz, dass sich die Befürchtungen schließlich realisieren. Sie müssen daher Ihre Gedankenkräfte vom Negativen ins Positive lenken. Man spricht heute sehr viel von der Macht und Kraft des „Positiven Denkens" und immer mehr Menschen wenden diese Methode für die positive Veränderung ihres Lebens erfolgreich an.

Grundbedingung jedoch ist, dass Sie ständig die Qualität Ihrer Gedanken kontrollieren, denn wir neigen dazu, unbewusst negativ zu denken, obwohl wir scheinbar vordergründig positiv eingestellt sind. Sie trainieren sich beispielsweise mit folgendem positiven Merksatz: „Erfolg ist mir herzlich willkommen!" Unbewusst jedoch laufen parallel dazu ständig Gedanken ab wie: „Das schaffe ich ja doch nicht. Ich habe es noch nie geschafft erfolgreich zu sein!" In diesem Fall wird Sie die positive Gedankenarbeit nicht an das gewünschte Ziel bringen. Es kann sogar sein, dass Sie weiter auf dem „Verlust-Weg" bleiben.

> **Praxis-Tipp:**
>
> Auf der „Gewinner-Straße" können Sie nur dann erfolgreich sein, wenn Sie all Ihre inneren Kräfte konstant dorthin lenken und hartnäckig Ihr Ziel verfolgen.

Sie müssen von sich und Ihrem Erfolg überzeugt sein. Er mag vielleicht nicht so schnell kommen, wie Sie es sich erwarten, aber er wird irgendwann kommen, meistens geht es Schritt für Schritt auf der „Gewinner-Straße" voran. Das ist ohnehin der bessere und solidere Weg, als wenn Sie zu schnell erfolgreich werden, denn dadurch besteht die Gefahr, dass Sie leichtsinnig werden.

Sie müssen auch erst ein gewisses „Feeling" für die „Gewinner-Straße" aufbauen, insbesondere dann, wenn Sie bisher stets auf dem „Verlust-Weg" waren. Beide Bereiche haben ihr eigenes Energiefeld, nämlich „+" und „–". Sie müssen lernen, sich im +Energiefeld zurechtzufinden und dort entsprechend zu denken und zu handeln. Die ist ungeheuer wichtig. Es ist wie das Umsteigen vom gebrauchten Kleinwagen auf eine neue (Luxus-)Limousine. Am Anfang werden Sie sich im neuen Auto fremd fühlen, auch wenn es schöner und schneller ist als das alte.

Ihr Denken, Handeln und Fühlen unterliegt nun einem anderen Energiefeld und am Anfang werden Sie gewisse Schwierigkeiten haben, sich an die neue Technik zu gewöhnen. Aber Tag für Tag wird es Ihnen mehr Spaß machen. Sie entdecken die Annehmlichkeiten der Fortbewegung, des Komforts, der Power und Sicherheit. Ihr Selbstbewusstsein wächst mit jeder gemeisterten Situation. Sie entdecken Dynamik und Macht. Das Image des Autos wird auf Sie übertragen. Sie werden zum „winner".

Vom „Verlust-Weg" auf die „Gewinner-Straße"

Ihr Feeling für „Gewinn" und „Geld" können Sie entwickeln durch die Erstellung eines „Lebenszyklus-Plans", in dem Sie Ihre Lebensstufen und die damit verbundenen Kosten, die Sie oder andere für Sie aufgewendet haben, ermitteln. Schreiben Sie die entsprechenden Daten in die nachfolgende Skizze und ermitteln Sie Ihren „Breakeven-Point".

Skizze 8:
Name: .... Erstellt am: ....

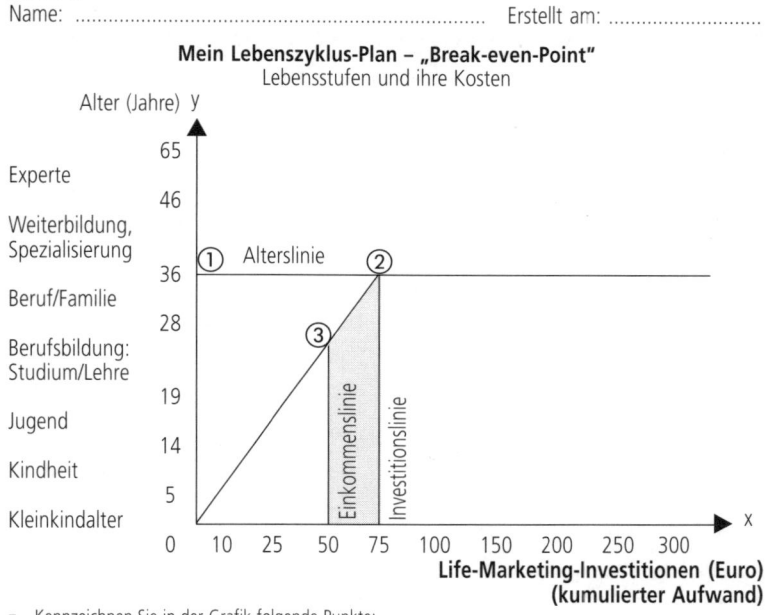

Mein Lebenszyklus-Plan – „Break-even-Point"
Lebensstufen und ihre Kosten

- Kennzeichnen Sie in der Grafik folgende Punkte:
① Wo stehe ich heute?
  Tragen Sie Ihr Alter ein und zeichnen Sie eine horizontale Linie. (Alterslinie)
② Wie viel habe ich bzw. haben andere (Eltern/Staat) in mich investiert?
  Markieren Sie die geschätzte Höhe Ihrer Life-Marketing-Investition und verbinden Sie den Wert mit der x-Achse. (Investitionslinie)
③ Wie viel verdiene ich jetzt?
  Kennzeichnen Sie die Höhe Ihres momentanen Einkommens und verbinden Sie den Wert ebenfalls mit der x-Achse. (Einkommenslinie)
- Verbinden Sie nun, von 0 ausgehend, die Einkommenslinie mit der Investitionslinie. Der grau gekennzeichnete Bereich beschreibt die Differenz, die Sie noch überwinden müssen, um Ihren persönlichen „Break-even-Point" zu erreichen, d. h. Ihre persönliche Rentabilitätsschwelle zu überwinden und in die Gewinnzone zu gelangen.
  Wenn sich die Einkommenslinie mit der Investitionslinie deckt, haben Sie Ihren „Break-even-Point" erreicht.

Wenn Sie von Ihrem bisherigen „Verlust-Weg" auf die „Gewinner-Straße" wechseln, sollten Sie geduldig mit sich sein, am Anfang nicht zu viel von sich erwarten, aber beharrlich Ihr Ziel verfolgen und alles dazu beitragen, damit Ihr neuer Weg Sie in die Gewinnzone führt. So werden Sie Stufe für Stufe auf Ihrer „Gewinner-Straße" hinaufsteigen.

Horizonterweiterung durch Rollenspiele

Erinnern Sie sich daran, als Sie Kind waren und zusammen mit anderen Kindern Mutter und Vater, Prinz und Prinzessin gespielt haben und begeistert in verschiedene Rollen geschlüpft sind? Mal waren Sie eine Königin, mal Tarzan, dann wieder eine bekannte Tänzerin oder ein edler Ritter auf dem Pferd. Es war jedoch nicht damit getan, dass Sie in verschiedene Rollen geschlüpft sind, sondern Sie haben die Rollen auch gelebt. Sie spielten nicht nur eine Königin, Sie waren eine Königin – bewegten sich hoheitsvoll, besaßen exzellente Umgangsformen, sprachen gewählt und erteilten würdevoll Anordnungen an „Ihre Untergebenen". Sie fühlten sich großartig, wichtig, mächtig.

Die Fähigkeit, in andere Rollen zu schlüpfen, fördert individuelle Möglichkeiten und versteckte Potenziale und erweitert den Horizont des Menschen. Nehmen wir einmal an, Sie sind ein eher angepasster, wenig durchsetzungsfähiger Typ. Sie sind darauf bedacht, möglichst ohne Probleme und Auseinandersetzungen durchs Leben zu gehen, können aber dadurch Ihre Lebensträume nicht realisieren. Machen Sie nun folgendes Experiment:

Schlüpfen Sie in die Rolle eines erfolgreichen Unternehmers, einer selbstsicheren und dominanten Persönlichkeit, Chef von 100 Mitarbeitern, der seine Vorstellungen durchzusetzen weiß. Agieren Sie dann in Ihrem gewohnten Umfeld aus der Perspektive des erfolgreichen Unternehmers. Wie würde sich nun Ihr Denken und Handeln verändern? Vermutlich würden Sie Ihre Vorstellungen nicht mehr unter den Teppich kehren, sondern sie durchsetzen; vermutlich würden Sie Ihren lärmenden Nachbarn, dem Sie bisher nie die Meinung gesagt haben, nun ordentlich zurechtweisen; vermutlich würden Sie vor Ihren Kollegen, die Ihnen ständig die ganze Arbeit aufhalsen, mal so richtig auf den Tisch hauen. In jedem Fall würde Ihr ganzes Denken und Handeln eine radikale Veränderung und Aufwertung erhalten.

Vorteilhafter Rollenwechsel

Sie können zwar nicht wirklich in die Rolle eines anderen Menschen schlüpfen, denn Sie sind und bleiben ja Sie selbst, aber Sie können je nach Bedarf temporär in einer anderen Rolle agieren. Dadurch verändern Sie Ihren Blickwinkel und können sich vorübergehend ein anderes Verhalten aneignen. Wenn Sie als Frau beispielsweise ein eher herber Typ sind und auf der Suche nach einem neuen Lebenspartner sind, können Sie vorübergehend in die Rolle der Sex-Diva schlüpfen und sich deren Verhaltensweisen zu Eigen machen. In diesem Fall dient der Rollentausch als effektive Strategie für Ihr erfolgreiches Life-Marketing.

In Gegenwart von Menschen, die gut „schauspielern" können, wird es selten langweilig. Immer ist irgendetwas los – und wenn nicht, dann sind sie es selbst, die mit ihrer Energie „Leben in die Bude" (oder in die Beziehungskiste) bringen.

Sollten Sie im Augenblick mit einem Problem oder Konflikt beschäftigt sein, so können Sie es schnell lösen, indem Sie einen kleinen Ausflug „ins Kino" machen. Suchen Sie sich dazu einen ruhigen Platz, setzen Sie sich bequem hin und schließen Sie die Augen. Denken Sie über Ihr Problem nach. Stellen Sie sich vor, Sie sitzen im Kino und sehen die gesamte Situation auf der Leinwand ablaufen. Holen Sie sich die Personen auf die „geistige" Leinwand, die entscheidend mit Ihrem Problem verbunden sind, beobachten Sie Ihre Wechselbeziehungen, als ob Sie Schauspieler in einem Film beobachten:

- Was ist die Handlung?

- Welche Art von Mensch ist der Held oder die Heldin, wer ist der Bösewicht?

- Was hören Sie?

- Welche Gefühle empfinden Sie?

- Welche Gedanken ziehen durch Ihren Sinn?

- Wie könnte das Problem gelöst werden?

Während Sie das Problem noch auf die „geistige" Leinwand projizieren, dabei selbst Schauspieler sind oder die Rolle des Regisseurs übernehmen, löst Ihr Unterbewusstsein Verkrampfungen der Gedanken und damit die Probleme.

Psychologen haben erforscht, dass das Unterbewusstsein stärker ist als das normale Bewusstsein und den Menschen wesentlich intensiver beeinflusst und steuert. Die Sprache des Unterbewusstseins ist eine bildliche, d. h. wenn Sie Ihr Unterbewusstsein beeinflussen wollen, genügt es nicht, wenn Sie ihm eine verbale Anweisung erteilen, z. B.: „Habe keine Angst". Sie müssen ihm vielmehr diese Anweisung bildlich übermitteln, indem Sie eine Situation konstruieren, in der Sie völlig frei von Angst und entspannt sind.

Außerdem ist es bekannt, dass das Unterbewusstsein gerne „spielt". Aus diesem Grund gefallen ihm Rollenspiele sehr, ja mehr noch, es nimmt die jeweiligen Rollen als Realität an und erzeugt im Inneren ein der Rolle angemessenes Klima: Sie spielen nicht nur Robin Hood, sondern Sie sind Robin Hood mit allen seinen Eigenschaften und Stärken und gehen erfolgreich durchs Leben.

Von den Tieren abgeschaut

Womöglich kennen Sie Ausdrücke wie „Ein Mann, stark wie ein Stier" oder „Sie kämpft wie eine Löwin" oder „treu wie ein Hund". Manche Menschen nehmen mitunter geradezu tierische Wesenszüge an, wenn wir versuchen, ihren Charakter, ihr Aussehen oder ihr Verhalten zu beschreiben.

Auch Sie haben sicherlich ein oder mehrere „Lieblingstiere". Wenn Sie nun die Wahl hätten, einen Tag lang ein bestimmtes Tier zu sein, für welches würden Sie sich entscheiden? Wären Sie lieber ein Adler, ein Bär oder ein Löwe? Oder womöglich etwas ganz anderes?

Die Spezies Mensch beherrscht die Erde und die menschliche Welt ist ein verkleinertes Abbild des gesamten Universums. Die Eigenschaften, die im Reich der Tiere für ein ausgewogenes Gleichgewicht sorgen – Aggression, Passivität, List, Scheu usw. – haben in der Welt der Menschen die gleiche Funktion.

> **Praxis-Tipp:**
>
> Schlüpfen Sie in die Rolle Ihres Lieblingstieres und entdecken Sie die geheimen Seiten Ihrer Persönlichkeit.

Es ist also kein Zufall, wenn wir uns die Verhaltensweisen der Tiere zu Eigen machen und von ihnen lernen, um in einer komplexen und wettbewerbsorientierten Welt zu überleben.

Tiere sind immer sie selbst und bleiben sich selbst treu. Ein Schwein zeigt stets hundertprozentiges Schweineverhalten und tut nichts „Unschweinisches". Ein Mensch hingegen ist sehr oft fähig, „unmenschlich" zu sein. Menschen verhalten sich häufig gegen ihre eigene Natur. Sie lassen sich auf Beziehungen und

Jobs ein, die ihrer Natur nicht entsprechen und leben so in einem ständigen Spannungsverhältnis, das sie unter Stress setzt und unglücklich macht.

Schon im alten China gab es ein ausgefeiltes Kalendersystem mit zwölf Tierpersönlichkeiten. Wenn ihnen der genaue Ursprung der Tiere – Ratte, Büffel, Tiger, Katze, Drache, Schlange, Pferd, Ziege, Affe, Hahn, Hund und Schwein – auch noch unbekannt war, so verstanden die chinesischen Astrologen sie dennoch als ein Abbild des Universums. Auch die indianischen Ureinwohner Amerikas wussten um die enge Verflechtung von Menschen und Tierwelt. In unserer Alltagskultur spiegelt sich unsere Nähe zum Tier wider. Wir reden davon, dass Menschen „ausgefuchst" oder „lahm wie eine Ente" sind oder „schuften wie ein Pferd".

Die Eigenschaften, die ein bestimmtes Tier pflegt, um sich sein Fressen zu beschaffen, sind vergleichbar mit der Verhaltensweise, die Sie bei Ihrer Karrierewahl an den Tag legen. „Vogelpersönlichkeiten" beispielsweise bevorzugen Jobs mit größtmöglicher Freiheit, „Schafspersönlichkeiten" blühen unter der Führung einer „Hundepersönlichkeit" geradezu auf. „Bärenpersönlichkeiten" haben das Bedürfnis, ihre Umgebung zu kontrollieren, „Rehpersönlichkeiten" suchen Schutz bei stärkeren „Wolfs"- oder „Löwenpersönlichkeiten".

Das ganze Natursystem beruht auf einem ausgeklügelten Gleichgewicht zwischen Jägern und Gejagten, zwischen Höhlentieren und Baumbewohnern, zwischen Insekten und Säugetieren, zwischen Fleisch- und Pflanzenfressern. Gerade das Wechselspiel der verschiedensten Gattungen bringt widerstandsfähige, gesunde Populationen hervor und sichert den Fortbestand aller.

Übung:	**Welches Tier möchten Sie gerne sein?**

Ich möchte gerne folgendes Tier sein:

....

Welches sind seine Stärken?

....

Welches sind seine Schwächen?

....

Geben Sie zwei weitere Beispiele an, welches Tier Sie noch gerne sein möchten und fragen Sie nach den Stärken und Schwächen.

....

....

Wunschtiere und ihre Eigenschaften

Wir wünschen uns nicht zufällig, irgendein Tier zu sein, sondern weil es bestimmte Eigenschaften besitzt, die wir bewundern und selbst gerne besäßen:

Elefant

Elefanten sind gegenwärtig die größten Landtiere. Alle leben in einer Gemeinschaft, die ein kompliziertes Kommunikationssystem voraussetzt. Elefanten können sogar „schnurren" und signalisieren damit, dass alles in Ordnung ist, oder sie „trompeten", das setzt die anderen in Alarmbereitschaft.

Als die größte Landpersönlichkeit sind Elefanten außergewöhnliche Wesen. Sie sind überwältigend, gigantisch und ebenso liebenswert. Ihre langsamen und bedächtigen Bewegungen sind der Ausdruck höchsten Selbstvertrauens. Sie ruhen in sich selbst und haben eine spirituelle Seele.

Erfolgreiche Life-Marketingstrategien

Wenn Sie gerne ein Elefant sein wollen, dann signalisieren Sie folgende Botschaften nach außen. Ich bin

- gegen Attacken immun
- langsam zu verärgern
- Tag und Nacht aktiv
- Vegetarier
- fürsorglich und instinktiv
- als Freund und Kumpel loyal fürs Leben
- mein Gedächtnis ist legendär – ich vergesse nie ein freundliches Gesicht oder eine freundliche Geste
- übernehme gerne verantwortungsvolle Leitungsfunktionen
- (weibliche Elefanten sind häufig in der Politik anzutreffen!)

Löwe

Alle, die ihm begegnen, zollen ihm höchsten Respekt. Neben dem Tiger ist der Löwe das größte Mitglied in der Familie der Raubkatzen. Löwen leben in Rudeln und jagen auch gemeinsam. Sie fressen neben Fleisch auch Früchte.

Löwen-Menschen sind meist imposante und attraktive Erscheinungen. Sie sind von Natur aus fit und haben ein geschmeidiges Auftreten. Ihre finanzielle und körperliche Überlegenheit demonstrieren sie ungeniert:

- Sie tragen ausschließlich Designerklamotten.
- Besitz erfüllt sie mit Stolz.
- Sie greifen nur an, wenn sie hungrig sind.
- Sie interessieren sich weniger für kleines, eher für „Großwild".

144

- Sie sind energisch, stark, launisch und ungeniert.

- Sie sind kontrollierend und besitzergreifend.

- Sie praktizieren einen selbstbewussten, gerechten Führungsstil. Sie sind sich im Klaren, dass ihr eigenes Fortkommen von ihren Mitarbeitern abhängt, streichen am Ende des Tages aber den Löwenanteil des Gewinns natürlich für sich selbst ein.

Adler

Sein Konterfei ziert Wappen, Münzen und Geldscheine. Sie sind stolz, körperlich stark, und im Allgemeinen werden sie um ihren unabhängigen, hochfliegenden Geist beneidet. Sie sind außergewöhnlich agil und meist in hervorragender körperlicher Verfassung. Peinlich genau achten sie auf ihr Gewicht.

Adler-Menschen zeichnen sich durch folgende Eigenschaften aus:

- Sie haben eine hohe sexuelle Anziehungskraft.

- Sie bevorzugen Extremsportarten.

- Sie distanzieren sich gerne vom Alltagsleben der Erdbewohner.

- Sie lieben das Reisen und achten sehr auf Unabhängigkeit.

- Sie gewöhnen sich nur schlecht an die Begrenzungen von Büroarbeit. Begehrt sind Jobs im Freien.

- Sie sind geistig sehr kreativ.

- Sie sind schwer zu zähmen, mit großem Bedürfnis nach Freiheit und deshalb wenig sesshaft.

Adler fühlen sich von unabhängigen Tierpersönlichkeiten wie dem Fuchs, der Wildkatze oder dem Wolf angezogen.

Krokodil

Sie gehören zu den am meisten gefürchteten Tieren. Sie sind kaltblütig und haben keine natürlichen Feinde. Um sich an ihr Lebenselement, das Wasser, noch besser anzupassen, verschlucken Krokodile mehrere Pfund Steine und stabilisieren so ihren Körper. Sie greifen erbarmungslos alles an, was sich ihrem Reich nähert. Zu ihrem Vorteil wenden sie bedenkenlos jeden schmutzigen Trick an.

Krokodil-Menschen zeichnen sich durch folgende Eigenschaften aus:

- Sie haben keine Gewissensbisse – kein Mitgefühl.

- Sie sind Meister der Verstellung.

- Sie erledigen Arbeiten, für die sich andere zu fein sind.

- Sie brechen furchtlos das Gesetz, um sich ihren Lebensunterhalt zu verdienen.

- Sie nehmen „Undercover"-Jobs an.

Ihr soziales Leben beschränkt sich auf schwerfällige Beziehungen z. B. zu „Flusspferdpersönlichkeiten".

Praxis-Tipp:

- Für Ihre Life-Marketing-Strategie können Sie von Ihrem gewohnten „Tierverhalten" in die Rolle eines anderes Tieres schlüpfen und sich so dessen Eigenschaften zunutze machen.

- Vielleicht fühlen Sie sich ja in der einen oder anderen neuen Rolle viel wohler als in der bisherigen. Vielleicht ist ja auch in Ihnen ein schauspielerisches Talent verborgen, das sich mit Leidenschaft in den neuen Rollen auslebt.

Weichspüler der Kommunikation: Die Lüge

Wann haben Sie zuletzt geflunkert oder sich mit einer Lüge aus einer prekären Situation gemogelt? Oder halten Sie „Lügen" für etwas Böses oder gar Unmoralisches?

Stellen Sie sich vor, Ihr Kind überreicht Ihnen freudestrahlend ein selbst gemaltes Bild – es ist ein rechtes Gekrakel. Wie verhalten Sie sich? Sagen Sie die Wahrheit oder lügen Sie? Vermutlich werden Sie lügen und möglichst viel Begeisterung zeigen: „Oh, das ist aber sehr hübsch!" Schließlich wollen Sie die künstlerischen Ambitionen Ihres Kindes nicht zerstören.

Wenn die Gastgeberin Ihnen ein Stück von ihrem selbst gebackenen Apfelkuchen gibt und Sie dann erwartungsvoll ansieht, wie reagieren Sie, wenn der Kuchen beispielsweise fad und trocken schmeckt? Sagen Sie die Wahrheit oder vielmehr: „Hm, der schmeckt aber gut!" Vermutlich werden Sie lügen, insbesondere dann, wenn es sich bei der Dame um eine gute Kundin oder die Frau Ihres Chefs handelt.

In diesem Fall ist die von Ihnen verwendete Lüge eine Strategie. Sie wollen ja schließlich einen großen Auftrag von Ihrer Kundin oder die angestrebte höhere Position erreichen. Wenn Sie der Gastgeberin die Wahrheit sagen, werden Sie keines von beiden erreichen.

Lug und Trug, List und Tücke werden von vielen Menschen im Alltag – manchmal unbewusst, manchmal gezielt – angewandt. Denn, Ehrlichkeit währt keineswegs am längsten. Ob im Business, Privatleben oder auf dem Weg zur Karriere, überall helfen gezielte Lügen, Krisen zu meistern und den eigenen Vorteil zu sichern. Begreifen Sie Ihre Fähigkeit zu lügen als Talent und nicht als Neigung zum Bösen. Wenn Sie das Talent der gezielten Unwahrheiten beherrschen, enttarnen Sie auch andere Lügner leichter.

Schwindelei in Wort und Körpersprache

Mancher Anrufer ballt die Faust in der Tasche, wenn er die zuckersüße Stimme am anderen Ende der Leitung hört: „Wir freuen uns, dass Sie mit uns sprechen", versichert die Mitarbeiterin der Beschwerdestelle und will uns weismachen, sie könne nachfühlen, wie verärgert wir sind. „Ich leite das sofort weiter", säuselt sie in den Hörer. „Die Zufriedenheit unserer Kunden steht bei uns an oberster Stelle."

Die „Abfertigung" von Problemen wird zur Routine. Große Unternehmen haben den Charme der höflichen Flunkereien entdeckt. Einstellungskriterium der freundlichen Blitzableiter in den telefonischen Servicedienststellen ist das Talent zur Lüge.

Die „Pinocchio-Gesellschaft"

Das richtige Wort im Umgang mit anderen ist immer häufiger Schwindelei. Denn der dosierte Umgang mit der Wahrheit erleichtert das Leben. „White lies" nennen die Amerikaner diese Weichspüler der Kommunikation. „Pinocchio-Gesellschaft" nennen es die Psychologen.

Wer stets seine ehrliche Meinung sagt, gilt auch bei uns als hoffnungsloser Naivling. Zudem schafft er sich schnell Feinde. Schätzungsweise 200-mal am Tag kommt uns eine Unwahrheit über die Lippen, im Schnitt alle fünf Minuten. Angefangen von falschen Komplimenten („Sie sehen heute aber gut aus") bis zu handfesten Betrügereien („Ich kann heute nicht ins Büro kommen, ich habe Grippe").

Mit dem Geheimnis der Lüge beschäftigen sich seit einigen Jahren nicht nur Philosophen, sondern auch Sozialwissenschaftler und Psychologen. Das Ergebnis ihrer Lügenforschung lautet, dass Lug und Betrug bereits schon in unseren Genen stecken und sie der Motor der Evolution waren. Biologen vermuten sogar, dass die Entwicklung des menschlichen Gehirns überhaupt nur mit Täuschungen möglich war.

So finden Sie sich im Lügendschungel zurecht

Der Lügendschungel ist nicht einfach zu durchschauen. Zwar schult der permanente Umgang mit Unwahrheiten unsere Fähigkeiten, Schwindeleien auf die Schliche zu kommen, doch auch „Falschspieler" ändern ihre Strategien.

So halten die meisten Menschen einen Autoverkäufer für glaubwürdiger, wenn er wortreich von seinen eigenen Erfahrungen mit dem betreffenden Wagentyp schwärmt. Studien zeigten jedoch, dass die angebliche persönliche Erfahrung eher einen Hinweis darauf gibt, dass der Händler den Kunden beschwatzen will.

Praxis-Tipp:

Wir schmeicheln, locken und lächeln tagtäglich mit unschuldigem Blick zum Wohl der guten Stimmung oder um uns in ein günstiges Licht zu rücken.

Zu den Kindern sagen wir: „Ich muss jetzt einkaufen gehen", wenn wir keine Lust haben mit ihnen zu spielen. Zum Partner/zur Partnerin sagen wir: „Ich habe Migräne und kann heute nicht!" oder: „Die Sitzung heute hat mich ganz fertig gemacht! Ich bin zu nichts mehr zu gebrauchen," wenn wir keine Lust auf Sex haben. Zu den Freunden sagen wir: „Meiner Mutter geht es so schlecht, ich muss mich um sie kümmern", wenn wir nicht zur Party kommen wollen.

Auch Sie wurden zur Diplomatie erzogen! Als Kind lernten Sie schon früh, dass Sie der unsympathischen Großtante besser nicht sagen sollten, dass Sie ihre feuchten Schmatzer widerlich finden. Die geheuchelte Freude der Mutter über die Küchenmaschine, zu Weihnachten heimlich zugesteckte Süßigkeiten und das Schweigegebot über familiäre Peinlichkeiten sind frühe Übungen und Vorbilder für spätere Alltagslügen. Allerdings begreifen Kinder erst zwischen dem zweiten und vierten Lebensjahr die Bedeutung der notwendigen Flunkerei, und zwar umso eher, je intelligenter sie sind. Bis dahin können sie Phantasie und Wirklichkeit noch nicht unterscheiden.

Wenn sie dann entdeckt haben, wie fein man andere beschummeln kann, tun sie es zunächst vorwiegend aus Eigennutz, um einer Bestrafung zu entgehen oder um eine Belohnung zu bekommen. Etwa ab dem achten Lebensjahr lernen Kinder, echte von gespielter Zuneigung zu unterscheiden. Frühestens ab dem Teenageralter beurteilen Jugendliche einigermaßen zuverlässig, ob es ein anderer ehrlich mit ihnen meint oder nicht.

Wichtig: Täuschungstalent ist ein Intelligenzmerkmal und ein Erfolgsfaktor. Täuschungstalent ist ebenso nützlich wie Einfühlsamkeit, Intuition und Kreativität. Der Berufserfolg eines Managers, so schätzen Psychologen, hängt zu 80 Prozent von seiner sozialen Intelligenz ab. Auch „Karrieristen" arbeiten statt mit Fleiß und Ausdauer lieber mit Geschick und Charme.

Unsere detektivischen Fähigkeiten zur Wahrheitsfindung hinken der Verschlagenheit gewiefter Münchhausens hinterher. Zumindest Alltagslügen haben keineswegs „kurze Beine": Im Schnitt wird nur jede fünfte entdeckt.

Lügen macht klug! Lügen braucht Training!

Über den Erfolg eines Täuschungsversuchs entscheiden nicht nur das Talent und die Übung des Lügners, sondern auch die Art und die Umstände der Lüge. Sie sind als Lügner schwerer zu entlarven, wenn

- Sie vorher wissen, dass Sie lügen müssen. Sie haben also Zeit, sich eine „Geschichte" auszudenken und sich auf den Gesprächsverlauf vorzubereiten.

- Sie einer fremden Person gegenüberstehen. Einem Fremden gegenüber empfindet man weniger „Schuld".

- Sie keine Strafe befürchten müssen, falls Ihre Lüge entdeckt wird.

- Sie das Gefühl haben, mit der Lüge etwas Gutes zu tun (Notlüge).

- Sie Übung haben im Verbergen von Gefühlen und zudem rhetorisches und/oder schauspielerisches Talent besitzen.

Politiker und „öffentliche" Personen aus den Medien sind zumeist versierte Lügner. Sie sind kaum zu durchschauen. Man weiß oft nicht, was von dem, was sie sagen, Wahrheit und Lüge ist. Politiker haben deshalb ein schlechtes Image.

Checkliste: Das sollten Sie beim diplomatischen Lügen beachten

- Wenn Sie lügen, dann lügen Sie selbstbewusst, mit großer Sicherheit und möglichst mit überzeugenden Gefühlen. Wenn jemand über seine Wünsche und Gefühle spricht, haben andere oft den Eindruck, dass man unkontrolliert „aus dem Bauch heraus redet" und deshalb die Wahrheit sagt.

- Paradoxerweise können Sie andere nicht nur mit Emotionsbekundungen einlullen, sondern auch mit komplizierten Inhalten. Andere lassen sich leichter aufs Glatteis führen, wenn sich diese auf das Gesagte konzentrieren müssen. Kleinste Ablenkungen vom Thema lösen bereits unbewusste Zweifel aus. Vermeiden Sie, dass Sie bei Ihrer Lüge unterbrochen werden.

- Achten Sie beim Lügen auf Ihre Gesichtsmuskeln: sie verraten Schwindeleien meistens durch entlarvende Gefühlssignale. Am überzeugendsten flunkern Menschen, die ihre Emotionen ganz unterdrücken können; so hält man Japaner für talentiertere Lügner als Italiener. Asiaten lernen von klein auf, ihr wahres Gesicht zu verbergen. Südeuropäer dagegen sind gewohnt, Ärger, Freude und Wut offen zu zeigen.

Achten Sie auf die Körpersprache!

Die Körpersprache ist nicht leicht zu beherrschen. So haben z. B. Forscher ermittelt, dass blinde Kinder, die andere Kinder nie beim Sprechen gesehen haben, die gleichen Gesten benutzen wie Sehende. Es wird deshalb vermutet, dass nicht das Auge, sondern Gedanken und Gefühle unsere Gesten und Handbewegungen steuern.

Das verändert sich beim Lügen in Ihrem Körper

Augenbewegungen: Meist unwillkürlicher horizontaler Blick und erhöhte Lidschlagfrequenz (Blinzeln, Zucken); flüchtiges Aufblitzen eines Emotionsausdrucks; Zwinkern und Pupillenerweiterung

Atmung: Gesteigerte Atemfrequenz und Atemtiefe

Sprechweise: Unvollständige Ausdrücke oder Sätze. Dem Lügner scheint für einen Sekundenbruchteil bewusst zu werden, dass ein wahrer Ausdruck über das Gesicht blitzt. Er unterbricht oder überdeckt ihn.

Blutdruck: Steigt (Herzklopfen, Herzrasen, Hitzegefühle)

Herzfrequenz: Gesteigerte Aktivität des Herzmuskels durch intensivere Atmung und gestiegene Körpertemperatur

Haut: Durch Schweißabsonderung feucht und gerötet

Körperhaltung: Oft angespannt kontrolliert, verkrampft

Körperfarbe: Erröten oder Erbleichen als Reaktion auf emotionalen Stress

Gesichtsasymmetrie: Vor allem der Muskel, der primär am Lächeln beteiligt ist, bewegt sich auf einer Gesichtshälfte stärker, wenn das Lächeln nicht mit der Empfindung übereinstimmt. Bei vorgetäuschter Freundlichkeit bricht ein falsches Lächeln oft abrupt ab oder verschwindet stufenweise vom Gesicht.

Weitere Erregungszeichen:

- Man muss häufig schlucken.

- Die Nervosität durch die Angst vor Entdeckung kann sich zudem in fahrigen Bewegungen oder ablenkendem Herumspielen mit Gegenständen ausdrücken.

- Viele Lügner verändern ihre Stimme, wenn sie die Unwahrheit sagen. Sie sprechen schneller oder langsamer, lauter, leiser, höher, tiefer, mit „belegter" Stimme.

Praxis-Tipp:

Perfektionieren Sie die Kunst des Lügens!

Oft spielt uns das Unbewusste einen Streich beim Lügen, wir liefern einen „Versprecher" ab, den man die so genannte „Freudsche Fehlleistung" nennt. Enthüllt wird dadurch, was man krampfhaft versucht hat, zu unterdrücken.

Lügen Sie positiv! Nicht nur um anderen gegenüber im Vorteil zu sein, sondern auch für das eigene Wohlbefinden. „Think positive!" Wer beim Mogeln weniger Stress erlebt, hat nicht nur mehr Erfolg, sondern lebt auch gesünder.

Vermeiden Sie ausweichende Antworten, Wiederholung der Frage als Antwort, Phrasen wie „ehrlich gesagt" oder „ungelogen". Die beliebteste Strategie vieler Lügner ist die Geschwätzigkeit: Um konkrete Nachfragen abzublocken, versuchen sie, den Belogenen mit detailreichen Geschichten einzulullen.

Praxis-Tipp:

Lassen Sie sich nicht erwischen!

„Wer einmal lügt, dem glaubt man nicht", warnen Eltern ihre Kinder seit Jahrhunderten. Gefährden Sie durchs Ertapptwerden nicht Ihren guten Ruf. Bereits der Verdacht der Täuschung löst bei anderen kontinuierliche Vorurteile Ihnen gegenüber aus. Obwohl wir es selbst mit der Wahrheit häufig nicht so genau nehmen – belogen werden wir nicht gerne!

Erfolgsfaktor: Ihr Umfeld muss mitwachsen

Wenn Sie den Weg des Erfolgs gehen, müssen Sie sich darüber bewusst sein, dass es sich um einen Entwicklungsweg handelt, der vieles an Ihnen und Ihrem Leben ändern wird.

Beispiel:

- Waren Sie beispielsweise vorher Kundenberater bei der Bank und sind Sie nun Abteilungs- oder Filialleiter, so wechseln Sie nicht nur Ihre berufliche Position, sondern auch so manches an Ihrer Persönlichkeit, Ihrem Auftreten, Denken und Handeln.

- Waren Sie z. B. in erster Ehe mit einem Verkäufer verheiratet und gehen nun eine zweite Ehe mit einem reichen Geschäftsmann ein, so wechseln Sie nicht nur die Gesellschaftsschicht, sondern auch Ihre Umgangsformen, Ansprüche und Lebensweise.

- Haben Sie sich vom unbedeutenden Schauspieler zum Star entwickelt, der Millionenbeträge an Gagen einnimmt, so wechseln Sie nicht nur vom nobody zum VIP, sondern erleben eine Art Metamorphose Ihrer Person und Ihres Lebens.

Auf dem Erfolgsweg stellen manche Menschen plötzlich fest, dass zwischen ihnen und den Mitmenschen ihres Umfeldes Welten klaffen: der eigene Partner hat sich nicht mitentwickelt, ist immer noch bescheiden, schüchtern oder spießig. Die Kinder sind in der Schule wenig erfolgreich oder gar Versager; die Freunde leben noch nach derselben kleinkarierten Art und Weise, wie schon vor zehn Jahren. Man spricht nicht mehr dieselbe Sprache, hat sich oft nichts mehr zu sagen. Die Kommunikation beschränkt sich auf den Austausch von banalen Informationen oder Klatsch.

Diese Tatsache ist für beide Seiten frustrierend: Für den Erfolgreichen, weil er erkennt, dass er sich in eine andere Richtung weiterentwickelt und von den anderen entfernt hat. Für die Mitmenschen, weil sie erkennen, dass sie zurückgeblieben sind, es keine wirklichen Gemeinsamkeiten mehr gibt und sie ohnehin den anderen nicht mehr verstehen können. Zwar schleppen sich die Beziehungen oft noch eine Weile dahin, aber ohne die gewohnte Freude zu erzeugen, die früher die Beziehung lebendig erhalten hat. Einstmals wunderbare Beziehungen brechen auseinander, man hat sich nichts mehr zu sagen.

Wichtig: Was jedoch einmal zerbrochen ist, lässt sich nicht mehr kitten – Ausnahmen bestätigen diese Regel. Deshalb ist es wichtig, nicht nur das eigene Erfolgsstreben im Sinn und vor Augen zu haben, sondern auch das Umfeld, in dem wir leben, insbesondere unsere nächsten Mitmenschen. Unsere Entwicklung hängt mit deren Entwicklung (oder auch Nichtentwicklung) zusammen. Eine Beziehung wird unwillkürlich ins Ungleichgewicht geraten, wenn der eine sich entwickelt und der andere nicht.

Liegt uns an einer Beziehung, an bestimmten Menschen, wollen wir auch weiterhin mit ihnen zusammensein, dann müssen wir diese Menschen in unsere Entwicklung mit einbeziehen. Sie werden nur dann ein wirklich glückliches Leben führen, wenn Sie wissen, wofür Sie arbeiten und wenn Sie Ihren Erfolg mit Ihren Liebsten teilen können. Auf Ihrem Life-Marketing-Weg sollten Sie daher darauf achten, von Anfang an die Menschen Ihres Umfeldes (Lebenspartner, Kinder, Eltern, Geschwister, Freunde, Nachbarn) in Ihren Erfolgsweg mit einzubinden.

Erfolgreiche Life-Marketingstrategien

Je traditioneller, gewachsener, stärker und vielseitiger Ihre Beziehungswelt ist, desto mehr wird sie von Ihnen geprägt und mitgestaltet, desto mehr reflektiert sie auch auf Ihr Verhalten. Für Ihre Familie sind Sie die Bezugsperson, die Familie ist aber auch Ihr Bezugsbereich. Denn Sie haben sich für diese Werte in Ihrer Lebensplanung entschieden. Sie erwarten sich durch Ihre Familie eine Bereicherung Ihrer Persönlichkeit, Ihrer Gefühle und Ihres Glücks. Dies ist der intensivste Ort der Selbsterfahrung. Natürlich möchten Sie Ihrer Familie, Ihrem Partner, Ihren Kindern auch viel Zeit und Zuneigung und Herzenswärme widmen, geraten dabei aber mit Ihren Karrierezielen und Ihrem beruflichem Engagement sowie Ihren Profilierungszwängen oft in Konflikt.

Beziehungsmanagement: Erfolg darf nicht einsam machen!

Jede Beziehung bedeutet eine Doppelbelastung. Sie kostet Zeit, Gefühl und Engagement – je nach Bedeutung. Oft schleppen wir aber auch Beziehungen mit uns herum, die im Prinzip schon längst „gestorben" sind und genauso gut abgehakt werden könnten. Finden Sie deshalb heraus, welche Beziehungen bzw. Menschen Ihnen wirklich am Herzen liegen:

Übung: Welche Beziehung ist wichtig?

Name: ....

Name: ....

Name: ....

Name: ....

Wer kostet Sie am meisten Kraft?

....

Wer braucht Sie am dringendsten?

....

Wer macht Ihnen den meisten Stress?

....

Wer schenkt Ihnen die meiste Lebensfreude?

....

Wer „gibt" Ihnen am meisten?

Privat ....

Beruflich ....

Wer bietet Ihnen die größte Lebensqualität?

....

Auf wen sind Sie am meisten angewiesen?

....

Mit wem haben Sie am häufigsten Streit?

....

Bei wem fühlen Sie sich „zu Hause"?

....

Widmen Sie den für Sie wichtigen Beziehungen möglichst viel Zeit und Aufmerksamkeit. Gehen Sie strategisch vor und beziehen Sie die Menschen, die Ihnen sehr viel bedeuten, stets mit in Ihre Entwicklung ein und lassen Sie sie Anteil haben an Ihrem Erfolgsweg. Nur so halten Sie die Beziehung lebendig und können auf gleicher Ebene miteinander kommunizieren.

So wächst Ihr Umfeld mit Ihrem Erfolg

- Prüfen Sie, ob Ihr Partner/Ihre Mitmenschen und Sie die gleichen Wertvorstellungen haben.

- Ermuntern Sie Ihren Partner/Ihre Mitmenschen, Sie bei Ihrer Karriereplanung mit Rat und Tat zu unterstützen.

noch: So wächst Ihr Umfeld mit Ihrem Erfolg

- Beruflich können Sie oft niemandem vertrauen, zu Hause müssen Sie entspannen und loslassen können. Dafür müssen Sie ein absolutes Vertrauensverhältnis zu Ihrem Partner/Ihren Mitmenschen aufbauen.

- Ihr Zuhause ist eine feste Burg, hier können Sie die nächsten Schlachten planen. Ihr Partner/Ihre Angehörigen/Ihr bester Freund/Freundin sollte dann Coach, Sparringpartner und, wenn es sein muss, auch Beichtvater sein.

- Erzählen Sie Ihrem Partner/Ihren Mitmenschen nicht nur Ihre Erfolge, sondern auch Ihre Misserfolge. Geben Sie sich die Chance, Frust abzubauen und ihm/ihnen die Chance, Sie aufzubauen und zu motivieren.

- Teilen Sie Ihren Erfolg mit Ihrem Partner/Ihren Mitmenschen.

- Ihr Partner/Ihre Mitmenschen stellt/stellen ein intaktes soziales Umfeld für Sie bereit, auch dann, wenn es Sie beruflich schon öfters in andere Orte verschlagen hat. Honorieren Sie diese „Aufbauarbeit" Ihres Partners/Ihrer Mitmenschen und achten Sie auch darauf, dass Sie eine gemeinsame gesellschaftliche Basis haben.

- Ihre Partnerschaft/Freundschaften ist/sind ein „Mikrokosmos", aus dem Sie jeden Tag Kraft schöpfen können.

- Das „Ändern der Anderen" ist zweitrangig. Erziehung und Menschenführung beginnen bei einem selbst. „Was tue ich mit mir, wenn der andere nicht so ist, wie ich ihn haben will?"

Sorgen Sie auch dafür, dass Sie eine Umgebung haben, die Sie immer wieder an Ihre Ziele und guten Vorsätze erinnert. Das persönliche Umfeld prägt. Oft ahnen Sie bereits, dass Ihre Umgebung nicht unbedingt aus den Menschen besteht, die für Ihren

Erfolg wünschenswert wären. Sie kennen den alten Spruch: „Sag mir, mit wem du gehst und ich sage dir, wer du bist".

Wir neigen dazu, uns zu überschätzen. Wir meinen, wir sind stark genug, um uns von unserem Bekanntenkreis nicht beeinflussen zu lassen. Aber wir lernen von klein auf durch Imitation. Meist ist das ein unbewusster Prozess. Unsere Bekannten und Freunde beeinflussen uns viel stärker, als wir denken.

Stellen Sie sich einmal auf eine Erhöhung, z. B. eine oder zwei Treppen, einen Sockel oder einen Felsblock. Bitten Sie nun eine Person, die unten steht, mit Ihnen ein Kräftemessen zu veranstalten. Sie versuchen, den anderen heraufzuziehen, während dieser versucht, Sie herunterzuziehen. Wer gewinnt?

Es ist ein physikalisches Gesetz, dass es leichter fällt, jemanden herunter- als hochzuziehen. Sie können auf Dauer nicht gewinnen. Denn der andere muss sich nur „hängen lassen" und warten, bis Ihre Kräfte erlahmen. Sie können es auf einen einfachen Nenner bringen: Wenn Sie sich mit Menschen umgeben, die erfolglos sind, bleiben Sie stehen. Umgeben Sie sich mit im Leben erfolgreichen Menschen, so werden auch Sie erfolgreicher.

Wichtig: Nicht nur die Menschen Ihres Umfeldes müssen – sofern Ihnen an diesen Menschen liegt – an Ihrem Erfolg mitwachsen, sondern auch das Umfeld selbst, d. h. das Domizil, in dem Sie wohnen, die Gegend, in der Ihr Domizil liegt, die Ausstattung Ihres Wohnbereichs. Haben Sie beispielsweise noch am Anfang Ihres Erfolgsweges in einer beengten, einfachen 3-Zimmer-Wohnung in einem Arbeiterviertel gewohnt, so ist es, nachdem Sie einen gewissen Erfolgsstatus erreicht haben, notwendig, dass Sie sich ein anderes Umfeld suchen, das nun zu Ihnen und Ihrem Erfolg passt.

Wenn Sie weiterhin in Ihrer gewohnten Umgebung bleiben, herrscht zwischen Ihrem Erfolgsstatus und Ihrem Umfeld ein Ungleichgewicht, das Ihre weitere Entwicklung behindert. Erst wenn

Sie strategisch vorgehen und Umgebung und Status angleichen, erfahren Sie ein weiteres Wachstum und können neue, noch ungeahnte Wege in Richtung dauerhaftem Erfolg gehen. Zudem müssen Sie sich bewusst sein, dass die Anhebung Ihres Wohnniveaus nach außen – für Ihre Mitmenschen, Kunden und Geschäftspartner – ein sichtbares Zeichen Ihres Erfolges ist.

Praxis-Tipp:

Wenn Sie erfolgreich sein wollen bzw. sind, ist es notwendig, dass Sie Ihren Erfolg auch leben und äußerlich sichtbar machen.

Geben Sie mehr als Ihr Bestes

Der bekannte Musiker Johann Sebastian Bach sagte einmal: „Ich habe fleißig sein müssen. Wer ebenso fleißig ist, der wird es weit bringen können!"

Das Wort „Fleiß" mag so manchem wie ein Relikt aus einer vergangenen Zeit erscheinen, aber es trifft den Nagel auf den Kopf. Wer fleißig ist, mehr leistet als andere, mehr Kraft und Zeit in eine Sache investiert, wird in der Regel auch irgendwann die Früchte in seinem Leben dafür ernten dürfen.

Fleiß allein ist zwar kein Garant für Erfolg, aber er ist zumindest ein sehr starker Erfolgsfaktor. Wer beispielsweise „gegen den Strom schwimmt" oder ein Ziel verfolgt, das von Haus aus auf wackeligen Beinen steht, wird auch mit Fleiß allein nichts ausrichten. Stimmt hingegen das angestrebte Ziel, ist es erreichbar und Erfolg versprechend, kann es mit Fleiß schneller, intensiver und erfolgreicher verwirklicht werden.

Fleiß sollte stets einhergehen mit Können. Wenn Sie beispielsweise eine Biogärtnerei eröffnen, aber keine Fachkenntnisse und Erfahrungen haben, können Sie so fleißig sein wie Sie wollen, Sie werden dennoch nicht sonderlich erfolgreich sein. Wenn Sie mit einem Segelboot den Atlantik überqueren wollen, aber bisher nur auf heimischen Gewässern umhergeschippert sind, werden Sie beim nächsten Sturm in Seenot geraten und auf eine Sandbank laufen. Wenn Sie zwar ein guter Schwimmer sind, aber noch nie einen See durchschwommen haben, werden Sie auch den Ärmelkanal nicht schaffen.

Für die erfolgreiche Realisierung Ihrer Ziele genügt es nicht, auf einem Gebiet gut zu sein – Sie müssen vielmehr Ihr Bestes geben, sich gegebenenfalls vorher auf Ihr Ziel vorbereiten, sich schulen, trainieren, Ihr Wissen erweitern, Ihre Techniken verfeinern. Sie müssen fachlich Ihr Bestes geben, aber auch menschlich.

> **Praxis-Tipp:**
>
> Nur wenn Sie bereit sind, besser zu sein als andere, mehr zu tun als andere und hartnäckig Ihr Ziel verfolgen, schaffen Sie sich die optimalen Voraussetzungen für Ihren Erfolg.

Viele Menschen sind der Ansicht, dass sie ihr Bestes geben, doch bei genauer Betrachtung laufen Sie nur auf halben Touren. Warum? Weil sie oft gar nicht wissen, wie es sich anfühlt, wenn sie auf vollen Touren laufen. Wieder andere wollen zwar die Früchte des Erfolgs ernten, aber sie sind nicht bereit, mehr zu leisten als andere, Ausdauer an den Tag zu legen, ihr Bestes zu geben. Sie denken sich: „Das reicht schon" und legen sich in die Sonne oder gehen in die Kneipe, anstatt so lange bei der Sache zu bleiben bis ein Etappenziel erreicht ist.

Doch wer nicht alles gibt, wird in der Regel auch nichts zurückbekommen. Andere wieder behaupten „zu schuften und zu rackern", aber sie schieben nur geschäftig die Aktenberge auf ihrem Schreibtisch hin und her. Sie schaffen nichts, bewegen nichts, sind unproduktiv, es gibt kein wirkliches Wachstum auf ihrem Erfolgsweg. Sie lenken ihre Aufmerksamkeit und ihre Kräfte nicht in die Aktionen, sondern zerreden sie bereits im Ansatz durch Jammern und Klagen.

Wozu Menschen fähig sind

Wissen Sie, was Sie alles leisten können, wenn Sie auf vollen Touren laufen, sich voll auf eine Sache konzentrieren und all Ihre Kräfte in das angestrebte Ziel lenken? Nein? Nur wenige Menschen sind sich ihrer Leistungsfähigkeit bewusst. Dennoch sind viele Menschen in Notsituationen in der Lage, schier unmenschliche Höchstleistungen zu vollbringen – sie können bei Unfällen schwerste Steinbrocken vom Verletzten wegrücken, im Krieg einen verletzten Kameraden kilometerweit durchs Land tragen, ein Kind aus einem brennenden Haus retten, über Gletscherspalten springen etc.

Haben Sie schon einmal eine solche Extremsituation erlebt und gemeistert? Wenn ja, dann stellen Sie sich diese Situation noch einmal vor. Was ist damals geschehen? Was haben Sie geleistet? Wie haben Sie sich danach gefühlt? Hat sich danach etwas an Ihrem Leben verändert oder sind Sie bald danach wieder ins Mittelmaß zurückgefallen?

Wenn Sie bisher noch keine solche Extremsituation erlebt haben, Ihre Grenzen also nicht kennen, dann sollten Sie herausfinden, zu welchen Leistungen Sie fähig sind.

Praxis-Tipp:

Machen Sie einmal eine Nacht zum Tag, arbeiten Sie 24 Stunden durch, arbeiten Sie statt 38 Stunden in der Woche 60 Stunden, fahren Sie 50 km am Stück mit dem Rad bergauf und bergab, entwickeln Sie ein neues funktionales Ablagesystem und organisieren Sie Ihr Büro total um, lernen Sie innerhalb zwei Wochen eine neue Fremdsprache, specken Sie innerhalb eines Monats fünf Kilo ab usw.

Beobachten Sie sich dabei, wie Sie die neuen Herausforderungen meistern und wie der Erfolg auf Sie wirkt. Erleben Sie die persönlichen „Grenzüberschreitungen" bewusst und intensiv. Welche Gedanken und Gefühle sind damit verbunden? Vermutlich werden Sie nach und nach erkennen, dass Sie sich bisher schlichtweg unterschätzt haben und sich von einer völlig neuen Seite sehen. Suchen Sie sich immer wieder neue Herausforderungen:

Praxis-Tipp:

Wenn Sie bisher eine gute Köchin waren, so werden Sie jetzt die beste; wenn Sie bisher ein guter Klavierspieler waren, so werden Sie jetzt der beste; wenn Sie bisher eine gute Sekretärin waren, so werden Sie jetzt die beste; wenn Sie bisher ein guter Autofahrer waren, so werden Sie jetzt der beste.

Vermutlich werden Sie jetzt den Kopf schütteln und einwenden: Wie soll das möglich sein? Um der Beste/die Beste zu sein, bedarf es doch intensiver Vorbereitungen. Und überhaupt: Wer soll hier die Kriterien aufstellen, ob jemand der/die Beste ist?

Dieser Einwand ist berechtigt. Tatsächlich sollen Sie jetzt nicht der beste Autofahrer oder die beste Köchin auf der ganzen Welt werden. Es geht vielmehr darum, dass Sie in Ihrem Bereich, bei der Verfolgung Ihrer Ziele, im Miteinander oder der Konkurrenz mit den Menschen Ihres Umfeldes Ihr Bestes geben. Sie müssen nicht der/die Welt-Beste sein, sondern Sie sollen das Beste in Ihrer kleinen „Welt" leisten.

Orientieren Sie sich an Ihrer Person, Ihren Fähigkeiten, Ihren Zielen, Ihren Mitmenschen und laufen Sie zur Höchstform auf!

Damit Sie diesen Belastungen standhalten, ist ein regelmäßiger Gesundheits-Check-up angesagt. Kontrollieren Sie sich diesbezüglich selbst und vergeben Sie Punkte: 10 = optimal. Verwenden Sie dazu die nachfolgende Skizze 9:

Skizze 9 :

Name: .... Erstellt am: ....

5-Jahre-Gesundheitscheck
(max. 10 Punkte zu vergeben)

	Vorjahr Termin Ist	Punkt-zahl	aktuelles Jahr Termin Soll / Ist	Punkt-zahl	Folgejahr I Termin Soll	Punkt-zahl	Folgejahr II Termin Soll	Punkt-zahl
1. Hausarzt allg. Unters.								
2. Internist								
3. Orthopäde								
4. Facharzt _____								
5. Facharzt _____								
6. Zahnarzt								
7. Heilpraktiker								
8. Gynäkologe								
9. Augenarzt								
10. HNO-Arzt								
11. Sonstige _____								
12. Krankheiten: 1 von__bis__ 2 von__bis__ 3 von__bis__ 4 von__bis__								

Erfolgschance Misserfolge: Aus Fehlern lernen

Manche Menschen betrachten einen Misserfolg als Katastrophe. Sie fühlen sich als Versager, völlig demotiviert und halten sich für unfähig, im Leben zu bestehen. Natürlich ist ein Misserfolg kein Anlass zur Freude, aber er ist auch kein Grund, die Flinte ins Korn zu werfen.

Wenn Sie die Niederlage etwas genauer betrachten, werden Sie feststellen, dass es sich zumeist nicht um einen kompletten, sondern nur um einen Teilmisserfolg handelt. Ein Teilmisserfolg jedoch ist nichts anderes als die Tatsache, dass einer der verschiedenen Wege zum Ziel, den Sie gewählt haben, nicht funktioniert hat. Ihre Vision ist weiterhin für Sie erreichbar, Sie müssen nur einen anderen Weg dorthin einschlagen.

Achtung: Bevor Sie jedoch einen neuen Weg gehen, sollten Sie ein Check-up einlegen und herausfinden, warum dieser eine Weg nicht funktioniert hat. Gehen Sie der Ursache auf den Grund, denn jetzt ist die beste Gelegenheit, aus Ihrem Fehler zu lernen und es in Zukunft besser zu machen.

Bei diesen Überlegungen werden Sie vermutlich herausfinden, dass Sie sich falsche Vorstellungen gemacht oder sich selbst überschätzt haben, vielleicht sind Sie nicht sorgfältig genug vorgegangen, waren voreilig oder sogar leichtsinnig.

Der Erfolgstrainer und Autor Peter Kimmel schreibt in seinem Buch „Erfolgreich ins neue Jahrtausend": „Generell können Sie davon ausgehen, dass ein Teil-Misserfolg auf Ihrem Weg zur Vision stets ein Signal ist. Ein Signal dafür, dass entweder der Weg nicht der richtige ist oder dass Ihre Persönlichkeit und dieser Weg nicht miteinander harmonieren ... Lassen Sie sich daher von diesem Teil-Misserfolg nicht demotivieren, sondern nehmen Sie ihn vielmehr als Chance für Veränderung ... Der Misserfolg ist daher genau genommen Teil Ihres Erfolges."

Erfolgreiche Life-Marketingstrategien

Ein Misserfolg regt den Menschen stets zum Nachdenken an. Er ist Anlass dafür, wichtige Dinge nochmals zu überdenken, sich über Verschiedenes klar zu werden, eine neue Strategie zu entwickeln. Oft sieht man nur vordergründig den (Teil-)Misserfolg, was jedoch hinter den Kulissen den Erfolg abgeblockt hat, kann man oft nicht verstehen. Erst wenn man sich intensiv in einer ruhigen Stunde damit beschäftigt, wird man die wahren Gründe erkennen.

Lassen Sie sich daher durch Misserfolge niemals entmutigen und von Ihrem Ziel abbringen. Bekanntlich führen verschiedene Wege nach Rom. Es ist oft nur eine Frage der richtigen Strategie! Wenn ein Weg nicht funktioniert, dann wählen Sie eben einen anderen. Nicht immer kommt man schnurstracks ans Ziel, manchmal muss man auch Umwege in Kauf nehmen.

Praxis-Tipp:

Nehmen Sie Misserfolge stets zum Anlass, etwas daraus zu lernen. Verbessern Sie den Teil an sich, der Ihrer Ansicht nach für den Misserfolg ausschlaggebend war.

Wenn Sie z. B. zu nachgiebig waren, dann lernen Sie nun, härter und bestimmter Ihre Vorstellungen durchzusetzen; wenn Sie einen fachlichen Text nicht richtig verstanden und umgesetzt haben, dann lernen Sie nun alles über das Fachgebiet, damit Ihnen das in Zukunft nicht noch einmal passiert; wenn Sie einen Kunden verloren haben, weil Sie ihn durch Nachlässigkeit verärgert haben, dann lernen Sie jetzt optimale Kundenbetreuung usw.

Wenn Sie auf einem Weg einen Misserfolg erleiden, so ist dies stets ein untrügliches Zeichen dafür, dass dieser Weg der falsche ist. Haben Sie z. B. mehrere Vorträge abgehalten, um sich bekannt zu machen und neue Kunden zu bekommen, müssen am

Ende aber feststellen, dass Sie nur draufzahlen, Ihr Bekanntheitsgrad nicht wesentlich verbessert ist und Sie auch kaum neue Kunden gewonnen haben, dann müssen Sie der Tatsache ins Auge sehen, dass dieser Weg nicht der Richtige für Sie ist. Wenn kein Geschäftsfluss in Gang kommt, dann gibt es für Sie nur eine Lösung: Sie müssen etwas Neues versuchen.

Praxis-Tipp:

Ob Sie auf dem richtigen Weg sind, erkennen Sie daran, ob eine Sache fließt oder nicht, ob der Geldfluss funktioniert oder nicht.

Immer dann, wenn es fließt in Ihrem Leben, sich alles, was für den Erfolg notwendig ist, wie von selbst heranschiebt, zudem reichlich Geld hereinkommt, sind Sie auf dem richtigen Weg und gehen strategisch richtig vor. Dies ist Ihr Maßstab auf Ihrem Erfolgsweg.

Eine Motivationsquelle: Ihr Erfolgstagebuch

Wenn ich Sie fragte, was letztes Jahr um diese Zeit in Ihrem Leben so alles gelaufen ist, was würden Sie sagen? Vermutlich müssten Sie schwer überlegen, was sich damals alles ereignet hat. Am Ende würden Sie zugeben, dass Sie nicht mehr in der Lage sind, diese Zeit zu rekonstruieren. Sie haben diese Phase schlichtweg vergessen. Und wenn, so würden Sie – im positiven Fall – nur noch die wichtigen Ereignisse wissen, z. B. die Hochzeit von Cousine Julia oder den runden Geburtstag Ihrer Mutter.

Es ist eine natürliche, menschliche Eigenschaft, das meiste zu vergessen. Dazu gehört Negatives ebenso wie Positives. Wir müssen unser Gehirn schon sehr anstrengen, um uns an bestimmte frühere Ereignisse oder Dinge zu erinnern. So fällt es uns auch kaum auf, dass wir uns verändern, uns entwickeln. Was wir wahrnehmen ist das, was wir gerade sind und wie wir im Augenblick leben.

So fällt es manchen Menschen auch gar nicht auf, dass sie sich auf dem Erfolgsweg befinden und schon mehrere Erfolgserlebnisse verzeichnen können. Sie selbst würden ihren Erfolgsweg als nicht bedeutend oder noch nicht befriedigend bezeichnen. Es fällt ihnen auch nicht auf, welche Erfolgserlebnisse besonders bemerkenswert waren und welche mäßiger ausgefallen sind. Würden sie nämlich darauf achten, könnten sie erkennen, wo ihre Stärken und Schwächen liegen, wo ihr Handeln Fluss erzeugt und dementsprechend ihre Strategien ausrichten.

Gutes wird schnell vergessen

Manche Menschen haken Erfolgserlebnisse auch schnell ab und sind sich ihrer später gar nicht mehr bewusst. Dass man mit dem Kind für eine Schulaufgabe gepaukt hat und es eine Eins oder Zwei nach Hause gebracht hat, ist oft schnell vergessen – was ins Gewicht fällt sind die nächsten schlechten Noten; dass man ständige Rivalitäten am Arbeitsplatz erfolgreich beseitigt hat und das Arbeitsklima angenehmer gestaltet hat, ist aus dem Gedächtnis gestrichen – was ins Gewicht fällt, ist die zunehmende Launenhaftigkeit des Chefs; dass man einen neuen, lukrativen Auftrag an Land gezogen hat, mit dem man viel Geld verdient hat, ist oft schnell vergessen – was ins Gewicht fällt, sind die nächsten Aufträge, die man nicht abschließen kann.

Viele Menschen sind sich so oft nicht bewusst, dass sie auch eine Reihe von Erfolgserlebnissen verzeichnen können. Sie sehen stattdessen in erster Linie die Misserfolge oder die Hürden in ihrem Leben. Sie konzentrieren sich darauf, dass dieses und jenes nicht so klappt, wie sie es sich vorstellen, dass manches oft nicht so schnell geht, wie sie es sich wünschen. Dadurch jedoch blockieren sie ihren Energiefluss bzw. vergeuden ihre Energie für Negatives.

Um uns über die Erfolge in unserem Leben bewusst zu werden, müssen wir von Zeit zu Zeit einen Check-up einlegen und uns folgende Frage stellen:

Übung: **Ihre persönlichen Erfolge**

Welche Erfolgserlebnisse habe ich in diesem Monat, in diesem Jahr, seit zwei, drei oder noch mehr Jahren erlebt?

....

Was hat sich in dieser Zeit in meinem Leben zum Positiven gewandelt?

....

Was habe ich mir alles erschaffen?

....

Wo stehe ich heute?

....

Diese Reflexion wird Ihnen bewusst machen, wie viel sich in der letzten Zeit in Ihrem Leben zum Positiven verändert hat und welche kleineren und größeren Erfolge Sie bereits geschafft haben. Sie erkennen, ob die von Ihnen bisher verwendeten Strategien richtig sind oder ob Sie diese ändern und verbessern müssen.

Ein wertvoller Schatz

Eine große Hilfe auf Ihrem Erfolgsweg ist ein „Erfolgstagebuch", in dem Sie laufend Ihre Erfolgserlebnisse verzeichnen, kleine ebenso wie große. Viele Menschen neigen zum Tiefstapeln und sagen: „Das war doch nichts Besonderes", genau genommen aber haben sie einen Erfolg erreicht, einen Etappensieg auf ihrem großen Erfolgsweg.

Betrachten Sie das „Erfolgstagebuch" als einen wertvollen Schatz. Sie können daraus wichtige Erkenntnisse über Ihr Leben gewinnen, von Zeit zu Zeit darin lesen oder bestimmte Passagen ganz gezielt reaktivieren und erneut auf sich wirken lassen. Das ist sehr hilfreich, wenn Sie einmal eine Phase haben, in der nichts so recht klappen will oder Sie sogar einige Teilmisserfolge hinnehmen müssen. Dann können Sie aus Ihrem „Erfolgstagebuch" neue Kräfte tanken und sehen, was Sie schon alles geschafft haben. Das wird Sie ungemein motivieren und inspirieren.

Zudem ist es eine bekannte Tatsache, dass Texte, die mehrmals gelesen werden, durch die ständige Wiederholung in die tieferen Bewusstseinsschichten eindringen und dort wirken können. Wenn Sie immer wieder in Ihrem „Erfolgstagebuch" lesen, betreiben Sie eine Art Autosuggestion, das heißt, Sie beeinflussen Ihr geistiges und seelisches Inneres und vertiefen bestimmte Vorstellungen, bis sie Ihnen in Fleisch und Blut übergegangen sind.

Wichtig: In dem „Erfolgstagebuch" können Sie Ihre Erkenntnisse und die erzielten Fortschritte festhalten. Bedenken Sie: Alles, was Sie aufschreiben, prägt sich tief in Ihrem Inneren ein und beschleunigt den Veränderungsprozess. Alles, was nicht dokumentiert wird, gerät schnell wieder in Vergessenheit.

Ihr „Erfolgstagebuch" ist ein schriftlicher Nachweis, welche (Teil-) Erfolge Sie erzielt haben, wie diese Ihr Leben verändert und auf Sie gewirkt haben. Wenn Sie z. B. eine angestrebte Beförderung erreicht haben, dann dokumentieren Sie in dem Buch das Ereignis als solches, seine Auswirkungen auf Ihr Leben, aber auch die Gefühle, die der Erfolg in Ihnen bewirkt hat. Waren Sie zufrieden, stolz, glücklich, überglücklich, schwebten Sie auf einer Wolke, hätten Sie die ganze Welt umarmen können?

Das Dokumentieren Ihrer Gefühle ist ebenso wichtig wie das Ereignis selbst. Warum? Weil Sie beim Lesen diese Gefühle reaktivieren können. Sind Sie beispielsweise niedergeschlagen, mutlos, frustriert, so können die reaktivierten, positiven Gefühle von damals Ihre schlechte Stimmung vertreiben und aufhellen. Sie werden positiv stimuliert und neu motiviert. Deshalb ist ein „Erfolgsbuch" Gold wert.

Praxis-Tipp:

Ganz egal, ob Sie es mit der Hand schreiben, mit der Schreibmaschine oder dem Computer – wichtig ist nur eins: Dokumentieren Sie Ihre Großartigkeit und erkennen Sie die Vielzahl Ihrer kleinen und großen Erfolge in diesem Leben.

Ihre eigene Optimierungsstrategie

Sollten Sie sich bereits wesentliche Marketing-Kriterien für Ihren persönlichen Erfolg in Beruf und Alltag zunutze gemacht haben, so heißt es für Sie weiter „am Ball bleiben". Training beinhaltet immer auch Optimierung. Feilen Sie an Ihren Raffinessen. Nutzen Sie Ihre Kreativität, um die Kür des Life-Marketing kennen zu lernen. Als Marketing-Manager ist es Ihre Aufgabe, die einzelnen Stufen Ihres Marketing-Plans zu überarbeiten, dort Ergänzungen vorzunehmen, wo es erforderlich ist und so Ihre Marketing-Strategien zu optimieren.

Halten Sie einen Augenblick inne und überlegen Sie: Was wäre das „non plus ultra" in Ihrem Leben, Ihrem Handeln, auf Ihrem Erfolgsweg – was wäre Ihr Traum? Öffnen Sie sich ganz neuen Gedanken. Ziehen Sie dazu die Aktions-Bereiche in Ihrem Leben und auf Ihrem Erfolgsweg heran, die bisher bereits gut funktioniert haben. Überlegen Sie: Wie können Sie diese Bereiche weiter verbessern und optimieren? Wie können Sie beispielsweise Ihre Kommunikation mit anderen, Ihre PC-Kenntnisse, den Kundenservice oder Ihre Rhetorik noch verbessern, Ihre Fähigkeiten optimieren?

Vermutlich werden Sie zu der Ansicht kommen, dass Sie zusätzliche Fachkenntnisse bzw. Schulung benötigen. Diese Kenntnisse können Sie sich z. B. aus Fachzeitschriften oder Fachbüchern aneignen, die es in jeder guten Buchhandlung zu kaufen gibt. Sie können aber auch an einem Wochenend-Seminar oder Workshop teilnehmen, in dem Sie neben Informationen auch praktische

Übungen erlernen und sich dabei trainieren können. Auf solchen Veranstaltungen können Sie zudem Gleichgesinnte kennen lernen und Vergleiche anstellen. Das ist oft sehr hilfreich, da man zumeist auf dem Erfolgsweg viel zu wenig Vergleichsmöglichkeiten mit anderen Menschen hat.

Sie können natürlich auch solche Aktions- und Lebensbereiche verbessern und optimieren, mit denen Sie bisher noch nicht so recht zufrieden waren. Zwar ist es wichtig, die Stärken noch stärker zu machen, aber es ist auch ratsam und strategisch geschickt, gewissen Schwächen zu Leibe zu rücken und diese in Stärken umzuwandeln. Auch das ist manchmal durchaus möglich und kann sich sehr positiv auf den weiteren Erfolgsweg auswirken.

Wenn es beispielsweise bisher eine Schwäche von Ihnen war, vor anderen ungehemmt zu reden, dann kann sich ein Rhetorikkurs äußerst hilfreich auf diese Schwäche auswirken. Sie werden dann vielleicht immer noch kein toller Redner sein, aber immerhin nicht mehr bei jedem 3. Satz zu stottern beginnen oder Angstzustände bekommen. Wenn es beispielsweise bisher eine Schwäche von Ihnen war, bei schwierigen Autostrecken mit Angst zu fahren, z. B. im Gebirge, dann kann sich ein ADAC-Fahrertraining als äußerst hilfreich erweisen. Sie werden zwar immer noch kein Super-Rallye-Fahrer sein, aber immerhin nicht vor jeder Haarnadelkurve im Gebirge Herzklopfen und Schweißausbrüche bekommen.

Wichtig: Betreiben Sie aktives „Wissensmanagement". Vermutlich kennen Sie das Sprichwort „Wissen ist Macht". Und Sie wissen sehr viel – zumeist mehr, als Sie glauben. Nur manchmal geht Ihnen der Überblick über Ihr Wissen verloren. Managen Sie Ihr Wissen und verbessern oder erweitern Sie die Bereiche, die Ihnen für Ihren Erfolgsweg wichtig erscheinen. Speichern Sie Wissen wie ein Computer und legen Sie „Dateien" an.

Kennen Sie Ihren persönlichen Wissensstand und wie sich dieser im Laufe von 5 Jahren verändert hat? Nein? Dann verschaffen Sie sich dieses Wissen. Machen Sie die nachfolgende Übung.

Übung: **Status quo und strategisches Ziel**

Zeichnen Sie drei große Kreise. Der erste Kreis steht für Ihren Wissensstand vor *fünf Jahren*. Der zweite Kreis steht für Ihren *heutigen* Wissensstand, der dritte Kreis für Ihren *morgigen* Wissensstand, d. h. er verdeutlicht das, was Sie erreichen wollen, Ihr strategisches Ziel.

Jeder Kreis beinhaltet fünf Bereiche:

1. Allgemeinbildung

2. Fachwissen (mit dem Sie Geld verdienen)

3. Spezialwissen (mit dem Sie [noch] kein Geld verdienen)

4. Persönlichkeitsentwicklung

5. Life-Marketing

Jeder Kreis entspricht 100 %. Sie verteilen nun gemäß Ihren Angaben die jeweiligen Prozente für jeden der fünf Bereiche. Vergleichen Sie dann die Angaben miteinander. Wie sah Ihre Aufteilung vor fünf Jahren aus, wie sieht sie heute aus und wie müsste sie morgen aussehen, damit Sie erfolgsorientiert Ihrem Zielweg entgegenschreiten?

Schwingungen, Signale und Symbole wahrnehmen

Odysseus, dessen hölzernes Pferd nach langen Kämpfen die Mauern Trojas einnahm, hatte auf seiner beschwerlichen Heimreise über das Meer viele Hindernisse zu bewältigen. So lockten die gefährlichen Gesänge der hübschen Sirenen, um ihn zu vernichten. Odysseus stellte sich mutig ihren Klängen und bewältigte die Gefahr, indem er sich an den Mast seines Schiffes binden ließ, während die Besatzung mit wachsverstopften Ohren die Insel der Sirenen umschiffte.

Aus heutiger marketingorientierter Sicht könnte man diesen Teil der Odyssee auf folgende Weise betrachten: Mit hoher Selbstkontrolle und sozialer Unterstützung gelang es Odysseus, die von den Sirenen ausgehende Gefahr als Herausforderung zu sehen, die es zu bewältigen galt. Eine scheinbar unumstößliche Hürde auf seiner Reise wurde somit durch geschickten Umgang mit Aufmerksamkeit, Körperbeherrschung, Selbsterkenntnis, klaren Zielvorstellungen und gesundem Optimismus überwunden.

Auch vielen Menschen erscheinen der „helle Gesang" in ihren Ohren (auch „Tinnitus" genannt) bzw. die Signale ihres Körpers (Leiden, Beschwerden, Krankheiten) vorerst einmal unüberwindbar. „Tinnitus"-Signale sind oftmals Folgen „innerer Kämpfe" und werden durch Stress verstärkt.

Es gilt, sich den inneren Kämpfen zu stellen und den festen Willen aufzubringen, alle zur Verfügung stehenden physischen, psychischen und geistigen Kräfte zu mobilisieren, um im Kampf als Sieger hervorzugehen. Man muss nicht nur die eigenen Geschicke lenken, sondern auch geschickt sein und ein klares Ziel vor Augen haben. Wer vor Gefahrensituationen in seinem Leben davonläuft oder darauf mit Ängstlichkeit und Zaudern reagiert, ist nicht nur ein Angsthase, sondern wird auch nie richtig weiterkommen. Er ist wie das Turnierpferd, das jedesmal vor einem schwierigen Hindernis scheut und niemals ins Ziel gelangt.

Wichtig: Auch NLP (= Neurolinguistisches Programmieren) bietet hervorragende Möglichkeiten, sich und sein Leben zu optimieren. Aus meiner Sicht bietet das NLP eine breite gedankliche und emotionale Basis, um positives Denken und Fühlen umzusetzen.

N = Neurologische Prozesse

Der Mensch ist Urheber seiner Welt und seines Schicksals, d. h., er konstruiert seine Welt durch die Art, wie er sie wahrnimmt.

L = Linguistischer Ausdruck

Worte sind Brücken, die unsere innere Welt mit dem Außen verbinden. Somit ist die Sprache der individuelle Ausdruck unserer subjektiven Wahrnehmung.

P = Programmieren von Verhalten

Jeder von uns hat aufgrund seiner Wahrnehmung und seiner Erfahrungen bestimmte Verhaltensweisen entwickelt, sog. „Prägungen" oder „Muster". Sie bestimmen uns unbewusst.

Praxis-Tipp:

Erfolgreiches Life-Marketing können Sie am effizientesten durchführen, wenn Sie Ihr Unbewusstsein auf Erfolg programmieren. Visualisieren Sie „Ihr Glück" – damit erschaffen Sie sich, was immer Sie sich von Herzen wünschen.

Rekordverdächtig: Ihr persönliches „Guinness-Buch"

Lernen Sie Ihre Grenzen kennen! Fordern Sie sich bis zum Äußersten, leisten Sie Rekordverdächtiges und tragen Sie Ihre Leistungen in Ihr persönliches Rekordbuch ein.

Schauen Sie zurück in Ihrem Leben: Welche Rekorde haben Sie bereits geleistet? Sicherlich haben auch Sie schon im Laufe Ihres Lebens Außergewöhnliches vollbracht. Was haben Sie z. B. als Kind oder Jugendlicher geleistet, im Spiel, Sport oder im schulischen Bereich?

Erfolgreiche Life-Marketingstrategien

Seien Sie nicht bescheiden: Immerhin waren Sie bereits vor Ihrer Geburt ein „winner", denn viele Spermien im Leib Ihrer Mutter erzeugten kein Leben und viele Eier blieben unbefruchtet – bei Ihnen hat alles funktioniert! Herzlichen Glückwunsch, dass Sie es geschafft haben, ein Mensch zu werden.

Eine großartige Leistung von Ihnen war es auch, Laufen und Sprechen zu lernen. Sind Sie vielleicht zweisprachig aufgewachsen und sprechen zwei Sprachen fließend? Sprechen Sie mit Ihren Eltern einmal darüber, was bei Ihnen als Kind bemerkenswert war und worüber diese besonders glücklich und stolz waren.

Jeder Erfolg zählt

Ermitteln Sie die Rekorde, die Sie bisher in Ihrem Leben vollbracht haben. Dies wird Ihnen bewusst machen, welche Erfolge Sie bereits geschafft haben. Tragen Sie Ihre persönlichen Rekorde in die nachfolgende Skizze 10 auf Seite 177 ein, beginnen Sie mit:

1. Rekord in meinem Leben: Meine Geburt

Sie sollen bestehende Rekorde nicht brechen. Bei diesem Spiel geht es darum, dass Sie persönliche Rekorde aufstellen und dass Sie Lust auf solche Leistungen bekommen. Entdecken Sie den Spaß daran, etwas Besonderes zu tun und anderen davon zu erzählen. Sie werden sofort interessierte Zuhörer finden und ggf. auch Nachahmer.

Es gibt die ungewöhnlichsten Rekorde, also genieren Sie sich nicht, mitzumachen: Laut Guinness-Buch gibt es z. B. einen Rekord im Schnellsprechen und Rückwärtssprechen, es gibt die lautesten Schnarchtöne, das beste Namensgedächtnis und den schnellsten Tennisaufschlag

Rekorde machen nicht nur Spaß, sie machen auch reich. Ihre Rekorde müssen nicht zwingend körperlicher Art sein, sie können auch geistiger Natur sein. Wenn Sie beispielsweise alles über das

Rekordverdächtig: Ihr persönliches „Guinness-Buch"

Skizze 10:

Name: .... Erstellt am: ....

Meine persönlichen Rekorde

1. Rekord: meine Geburt

2. Schule – Rekord   ....

3. Studium – Rekord   ....

4. Ausbildung – Rekord ....

5. Freizeit – Rekord   ....

6. Sport – Rekord   ....

7. Arbeit – Rekord   ....

8. Rekorde der Sinne
   – Sehen   ....

   – Hören   ....

   – Riechen   ....

   – Schmecken   ....

   – Tasten   ....

9. Lebensgefühl   ....

10. Erotik – Rekord   ....

11. Sonstige Rekorde   ....

Erfolgreiche Life-Marketingstrategien

Leben des Sonnenkönigs Ludwig XIV. oder über Julius Cäsar wissen, können Sie mit Ihrem Wissen einen Rekord aufstellen. Liefern Sie eine Spitzenleistung als Kenner des antiken Griechenlands oder des alten Ägyptens, der sämtliche Herrscher und Dynastien benennen kann.

Mit Rekorden an die Spitze

Damit Sie Ihre Rekorde nicht nach kurzer Zeit wieder vergessen, sollten Sie diese dokumentieren. Damit können Sie jederzeit nachweisen – sich und anderen – welche Rekorde Sie bisher schon aufgestellt haben. Halten Sie schriftlich fest, was Sie wann und wo und in welchem Bereich gewagt und geleistet haben.

Lesen Sie von Zeit zu Zeit in Ihrem persönlichen Guinness-Buch der Rekorde, um sich in Erinnerung zu rufen, was Sie alles in der letzten Zeit geleistet haben. Insbesondere wenn Sie eine Phase haben, in der Sie sich unsicher oder entmutigt fühlen, womöglich kein Selbstvertrauen haben. Sie werden durch die dokumentierten „Selbst-Rekorde" positiv motiviert und angespornt. Es ist strategisch sehr geschickt, sich selbst immer wieder herauszufordern und sich die eigenen Fähigkeiten vor Augen zu führen, sich für die vollbrachte Höchstleistung zu loben und dadurch das eigene Wachstum und Leistungsvermögen zu fördern.

Ihr Rekord-Buch soll Sie auch immer wieder animieren, etwas zu tun, was Sie noch nie ausprobiert haben, aber vielleicht immer schon mal tun wollten: Wie wäre es mit einem Rekord,

- an einem Tag drei Liter lauwarmes Wasser zu trinken?

- an einem Tag drei Liter lauwarmes Wasser zu trinken und nichts zu essen?

- an einem Tag drei Liter lauwarmes Wasser zu trinken, nichts zu essen und nicht zu rauchen?

- einen Monat lang keinen Alkohol zu trinken?

- einmal mit dem Fallschirm abzuspringen – etwas, das Sie noch nie gemacht haben?

- einmal mit dem Fahrrad eine schwierige Bergstrecke zu bewältigen – und nicht nur im Flachland herumzukurven?

- einmal 40 Bahnen im Schwimmbad zu schwimmen – und nicht nur wie bisher schlappe zehn?

Ihr Meisterstück: Erfolgreiches Life-Marketing

Der Bereich „Fitness" fördert Ihr Wohlbefinden und Ihr Ansehen. Erfolgreiches Life-Marketing braucht Werbemaßnahmen, Promotions und „Verkaufsförderungsaktionen". Da Sie sich mit individuellen „Rekordprogrammen" natürlich im Umfeld Ihrer Lieben als sehr interessanten Mitmenschen profilieren können, sollten Sie auf „Fitness" oder „Wellness"-Maßnahmen großen Wert legen.

Suchen Sie sich dabei gesellschaftlich attraktive Bereiche aus. Wenn Power-Walking im Trend liegt, sollten Sie es auch versuchen, aber es möglichst etwas anders gestalten, als es die anderen tun. Das, was Sie tun, muss innovativer sein als das, was die anderen tun.

Haben Sie schon einmal eine Nacht im Büro verbracht? So richtig „durchgearbeitet"? Dann machen Sie es! Dieser Rekord macht sicherlich nicht nur beim Reinigunspersonal Eindruck, sondern wird bis in die oberste Chefetage vordringen.

Mit Ihrem Guinness-Buch der Rekorde lässt sich also nicht nur gut kokettieren, es wird Ihnen zusätzlich enormen Auftrieb geben und Ihr Selbstbewusstsein ungeheuer steigern. Sie sind nicht nur Mittelmaß wie die große Masse, sondern Sie sind einfach Spitze!

Literaturhinweise

Berger, Marion: Ausstrahlung und Selbstbewusstsein. Fit for Business/
Walhalla Fachverlag

Bown, Geraldine/Brady, Catherine: Karrierestrategien. Fit for Business/
Walhalla Fachverlag

Bruhn, Manfred: Marketing: Grundlagen für Studium und Praxis. Gabler
Verlag

Chopra, Deepak: Die sieben geistigen Gesetze des Erfolgs. Heyne Verlag

Feinson, Roy: Das Tier in dir: Entdecken Sie, welches Tier Sie sind, und
die geheimen Seiten Ihrer Persönlichkeit. Scherz Verlag

Fey, Gudrun: Selbstsicher reden – selbstbewusst handeln. Fit for Business/
Walhalla Fachverlag

Fey, Heinrich/Fey, Gudrun: Sicher und überzeugend präsentieren. Fit for
Business/Walhalla Fachverlag

Heinze, Roderich/Vohmann-Heinze, Sabine: NLP – mehr Wohlbefinden
und Gesundheit. Gräfe und Unzer Verlag

Höller, Jürgen: Sprenge Deine Grenzen. Mit Motivationstraining zum
Erfolg. Econ Verlag

Kimmel, Peter: Erfolgreich ins neue Jahrtausend. Ueberreuther Verlag

Kotler, Philip: Grundlagen des Marketing. Prentice Hall

Mendack, Susanne: Besser verdienen – richtig verhandeln. Fit for Business/
Walhalla Fachverlag

Pörner, Gabi: Ja! zur Karriere. Fit for Business/Walhalla Fachverlag

Robbins, Anthony: Das Robbins-Power-Prinzip. Heyne Verlag

Spachtholz, Barbara: Gut drauf sein im Beruf. Fit for Business/Walhalla
Fachverlag

St. Jean, Ute: Achtung! Haltungskiller. Fit for Business/Walhalla Fachverlag

van Winsen, Christa: High Potentials. Fit for Business/Walhalla Fachverlag

Walterskirchen, Helene: Streit dich nicht – gewinne! Ullstein Verlag

Schnell nachschlagen

Schnell nachschlagen

Schnell nachschlagen